AMA

EL TIEMPO

RELATOS Y CON-VERSACIONES

Marta Soledad

ISBN: 978-0-615-67278-6

Printed in the United States by Morris Publishing®
3212 East Highway 30
Kearney, NE 68847
1-800-650-7888

DEDICATORIA

Gracias Papá Dios, por un presente que me ha cambiado el nombre a *Abuela,* por el ayer que me hizo madre... por las vivencias que permitieron que llegara hasta hoy para compartir lo que tú me has dado. Estos versos hablan por los que callaron, callan por los que hablan y éste es mi pan repartido.

AUTO-BIOGRAFIA

Me llaman Marta. Nací en el pueblo de Adjuntas, Puerto Rico, en el año 1967. Procreada por Ángel Ramos y Dolores Cruz, en donde quedé en tercer lugar entre nueve que somos. Me crié en el mismo pueblo con fe cristiana en un caserío en donde la corrupción no afectó la etapa de mi niñez. A los nueve años, nos mudamos a un campo en donde crecí adolescente y donde se sembró mi alma, porque el campo hizo terreno en donde la vida labró el surco, y donde recogiera, más tarde, mi nostalgia en versos.

Pasaron seis años, y del área rural (aunque mi pueblo es todo un campo) nos movimos al área urbana etc. Contaba con catorce años y medio, cuando mis padres se divorciaron y viví junto a mi madre casi hasta diecisiete y antes de terminar la Escuela Superior, me casé y a los diecinueve tuve mi primer hijo. Poco después partía a los Estados Unidos. Era el año 1987, con deseos de aventura o trabajar, cuando, con virtud de vuelo, llegué a este país. Trabajé un año y luego me dediqué a criar mis hijos, que para entonces ya eran tres.

Antes de dejar mi tierra natal, en el 1987, ya había experimentado la soledad, que luego se transformaría en Soledad. Aunque continué casada, queriendo ser más que una ama de casa me dediqué a estudiar en una escuela de adultos en Bridgeport, CT y en el 1991 me divorcié, criando mis tres soles por mi misma. Desde entonces, anduvimos los cuatro juntos.

Sucedieron los años a los días y mi nostalgia se encontraba en el campo verde, donde surgieron matizados mis versos, pero pudo más la melancolía y me hizo volver después de ocho años y medio. Me encontré en el corazón del campo, donde aprendí a valorar mejor la naturaleza y a defender mi *sitio* de manera a los tiempos dejados en donde lavé ropa en el río, talé a machete, colecté café, preparé musgos... regresando tres años después en el 1999 a Estados Unidos, en donde todo lo vivido en mi patria, me sirvió para crecer y amar. Hoy, ya mi vientre no tiene la fuerza y la voluntad de parir, pero he seguido dando a luz, pariendo versos con el alma, de diversos padres, de distinta naturaleza, de todos los colores, ¡sí! De todos los hombres y de todas las mujeres, y de los niños, las flores y las piedras. Y aún me siento virgen cuando me posee un pensamiento para apuntalarme como *La Escogida.*

Me llaman Marta, me llamo... Soledad

PRESENTACION

... Colina abajo cristalina serpentea el agua procurando un final, un norte o un mar. Entre el pedregal, escollos y guijarros en la ribera del cauce se vive una desgastadora lucha por alcanzar algunas gotas su objetivo final y con muchas esperanzas juntar al río con el mar.

Así son también las palabras de la poesía que plasmadas siempre anhelan el bienestar común de un pueblo, de un corazón o de un sueño y así entre frases antojadizas llenas de intención nos describe como ha de ser un mundo mejor. Cada verso, cada oración como el agua de la colina se ha purificado para rociarnos sabiduría, esperanza y fe.

Esas gotas, hoy palabras fueron enriquecidas y pulidas para cada uno de nosotros y como un filtro natural se nos entrega un líquido valioso para beber con sabor a pureza, familia, valores y nostalgia, sí mucha nostalgia.

Una escritora jíbara nos da algo tan básico como las letras o el agua impregnándonos así de esa sabiduría y espera que percibamos el aroma de la tierra natal porque ahí está lo más intrínseco de cada ser y en ello va implícito el trabajo, la patria, la familia, las esperanzas y los sueños.

En los versos de esta boricua no encontraremos mayor disparidad temática desde sus primeras líneas o el último de sus versos, ya que, cada uno de ellos buscara un solo fin, un solo mar, un solo norte donde no existe otro anhelo que invitarte a gozar lo bello de la poesía.

Colina abajo, gota a gota, verso a verso se ha purificado también cada escrito de Marta Soledad, ya que, para ella no existen los poetas en un añejo sofá junto a la chimenea, sino que, muy por el contrario cuando ella viaja, sus versos van con ella retroalimentándose e enriqueciéndose día a día.

En cada evento artístico, recital o encuentro de poetas y donde pueda entrar en contacto con su gente seguro ahí estará porque es para quienes vive y se entrega incondicionalmente con total amor verso a verso, canción a canción.
Para esos días comunes y ya demasiados habituales cuando por ese trivial trance involuntario bajemos la guardia y nos invada un hastío extremo y anheles impregnarte de esperanza o simplemente alimentar tu alma, sólo bebe de esa agua purificada que nos regala la escritora para el deleite de quienes aspiramos ver un mundo mejor.
La autora, como promotora de esa lucha contra los mundanales malos hábitos nos entrega un arma, un instrumento de defensa para guiar a nuestros hijos en la senda correcta del ser humano de buen corazón. Entonces, les invito a que pongamos en las manos de cada retoño este valioso poemario para engrandecer su espíritu y motivarlos de paso a la buena lectura.
Hoy nos llega este tercer trabajo escrito de esta puertorriqueña y el cual lógicamente también posee algunos matices para aquellos hombres y mujeres que un día se alejaron de su hogar y les brinda esa oportunidad para esta nueva visita en donde puedan recorrer parajes, porque con la magia de las letras, seguro lograrás percibir el aroma y la pureza de un grano de café o un puñado de azúcar del cañaveral.
Sin más preámbulos vengan todos y cada uno de ustedes cordialmente a disfrutar nuevamente de la poesía puertorriqueña con Marta Soledad y rememorar esos pasajes de la cultura de la Isla del Encanto. Finalmente a través de este bello libro letra a letra, gota a gota definitivamente se saciará la sed de tu alma. Bienvenidos.

Luis Maury

SOL MENOR
Persistencia

LA TIERRA QUE QUIERO TANTO

Todos tenemos un sueño
Y un destino que seguir,
Por eso salí a cumplir
Lo que ahora desempeño
Como quien no tiene dueño
Cada día me levanto
Y a ese recuerdo me imanto
Para poder trabajar
Y algún día regresar (a)
LA TIERRA QUE QUIERO TANTO

Buscando un mejor futuro
O un seguro porvenir
No lo pude descubrir
Escrito en la piedra o muro
Fue un momento prematuro
Que hoy me parece un espanto
Y me quiebra el desencanto
Por eso quiero cantar
Para poder recordar
LA TIERRA QUE QUIERO TANTO

La recuerdo más que nunca
Con nostalgia del ayer
Y quisiera deshacer
El embrujo que la surca;
Mi musa parece trunca
Cuando por ella no canto
Y de ella surge el encanto,
Esa grata inspiración
Y llevo en el corazón
LA TIERRA QUE QUIERO TANTO

Aquí en esta sociedad
Se juntan los jibaritos
Que aunque no son eruditos
Es común su soledad
Y comparten su verdad
Gracias, Espíritu Santo
Por tu ayuda, y con tu manto
Protege nuestro lugar
Y ayúdame a no olvidar
LA TIERRA QUE QUIERO TANTO

"La poesía se escribe cuando ella quiere"
José Hierro, poeta español

ACUARELA DE TU AMOR

Parece de madrugada el amor que tanto ansío,
Parece que como el sol su calor me lleva el frío;
Que a las seis de la mañana el primer rayo aclarando
Un día más, para alumbrar el corazón mío.

Parece recién nacido... ¡míralo como llora!
Llora por un beso y un abrazo del mío,
Este amor que se junta con el tuyo
Como bebés que se arropan abrigándose del frío.

Parece una noche fresca y yo la luna brillando,
¡Mírala como le ofrece una caricia a tu amor!
¡Ay, que una flecha me has lanzado
Y la luna en pedacitos nos da estrellas a los dos!...

Parece, tu amor, el rocío de la mañana
Que brilla en cada pétalo de la rosa de mi amor,
Que me abriga de ternura, que perfuma mi alma entera
Y si la apariencia engaña, engáñame, por favor...

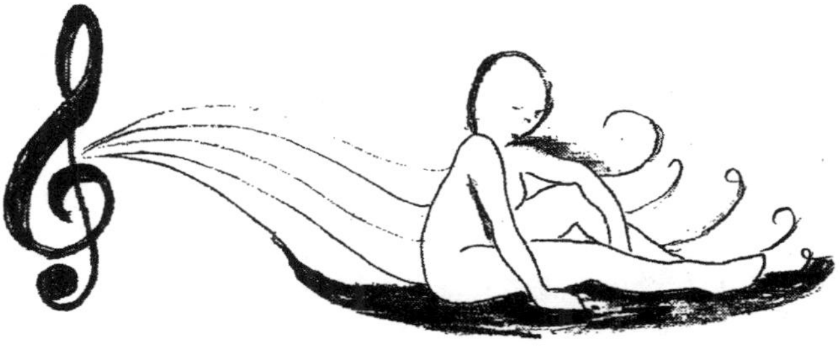

AHÍ VA LA LOCA

La gente me tilda de loca porque hablo sola...
¡Sola! no ven mi compañera, es invisible, perceptible...
Camina por la sombra a mis espaldas, siendo que soy la luz
Y la luz por la espalda no ilumina.

(A ras despido muertos a la tumba,
Otros los llevo vivos a la fosa
Para que se experimenten como yo
A comer de la sopa que me brindan.)
Abro la boca a bendecir lo dulce, a paladear la miel
Pero me amarga más la hiel si es demasiada
Y abro la boca más a vomitarla.

Y sigo para mí hasta calmarme la ansiedad
Sin que se colme mi actitud de loca
Hablando sola,
Sola con mis demonios o mis santos
Y sola mi ansiedad
(Entre tú y yo)

"En la música todos los sentimientos vuelven a su estado puro y el mundo no es sino música hecha realidad" Arthur Schopenhaver, filósofo alemán

AL DESVELO OPORTUNISTA

No sé porque insistes y persistes en quebrantar mis lunas
Y en dividir mis noches en segmentos
para mis diablos idos...

Estos momentos son míos.
Si duermo, en mi ronquido te acurrucas,
Te vuelcas en el dolor de espaldas
O algún ruido extraño a media madrugada.

Si al menos fueras nota musical en mi pecho-guitarra
O un beso mela'o en mi costado izquierdo.

Eres conciencia sin ciencia
Porque de lo malo repetido no se aprende, sino el dolor
Y de lo bueno
Un suspiro a media luz,
Que más parece un invento que creé
Para formarme una coraza contra ti.

¡Sabrás mi derribo en poco tiempo!

"Nada es real hasta que se experimenta; aun un proverbio no lo es hasta que la vida no lo haya ilustrado"
(John Keats, poeta inglés)

RÍO VERDE

El sol sale de su lecho
A continuar su faena
Y no lo vencen las penas
De las nubes en acecho.

Abre camino en el cielo
Pasa sonriéndole al aire
Y antes de caer la tarde
De desliza sobre el suelo.

A medio día en la plaza
A media tarde en el parque
Y antes que la noche caiga
Aun tiene faena larga.

Juega en la sombra a esconderse
Como parte de su agenda
Y pasa entre la arboleda
Tiñendo el río de verde

Y así siempre se festeja
De tarde, noche y mañana
La naturaleza amada
De mi tierra borinqueña.

AMIGO MÍO, ÍNTIMO MÍO

Mi amigo es:

Sal que sazona la tierra,
La agonía de la espera,
La dulzura de la entrega
Y paz en tiempo de guerra...

Tiene los ojos de un niño
Y la mirada de la muerte
Pues me deja siempre inerte
Robándome los latidos...

Mi amigo tiene la clave
Del pentagrama de un beso;
Y sabe liberar un preso
Sólo con tocar su llave...

Tiene la savia de un árbol,
La fortaleza de un cedro;
Tiene la copa en que bebo
Y la puerta donde llamo.

Y mi amigo entre sus dotes
Tiene la de ser ladrón,
Pues me robó el corazón
¡Sólo al pronunciar mi nombre!...

BENDITA LEVADURA

Que te acaricie el viento
Que te acaricie la memoria
Que sople suavemente las hojas olvidadas
Y que se depositen en el tronco
Donde se sirvan de abono
A quien por causa del invierno
No produce...

CEDA EL PASO

Y sucedieron tus ojos a mi corazón...
Tú no los necesitas...
Ahora me ves con el alma
Con un veinte veinte
Cien por ciento enamorada.

Ahora que encanece mi sien
Y sobre tu cabellera
Salsean en pareja
Damas con experiencia-
Comienza a madurar mi alma,
A caerse los pétalos de mi nostalgia
Y a retoñar el corazón truncado.

Tengo mil razones y un motivo
Para continuar amándote;
Trescientos sesenta y cinco y un bisiesto latidos
Multiplicados por mi edad
Sumados a la tuya,
Divididos por el amor
Que resta distancia...
Que nos une y nos separa.

A todo eso,
El resultado final es dos:
Cada uno para cada cual. Te amo.

Sé que he sido atrevida
En dibujarte en el espejo

Por eso disminuye y aumenta
La luz en tu mirada
Mientras que aquí en mi alma,
Cuanto obscurece,
Mas claro voy.

Perdona que recién haya comprendido
Que el amor es una carretera;
CEDA EL PASO
Aunque presiento que al final
Concuerda en la misma dirección...

COLOQUIO DE PIRATAS

Es el corazón que late:
¡Ladrón!
¡Ladrón!
¡Ladrón!

Cuando supe de ti, perdí un amigo,
Pues me he puesto el corazón por enemigo;
Parece que un latido confundido
Hubiese atravesado otro camino...

Camino que enmarcado por sus pasos
Ha seguido mil veces huella a surco,
Y por seguir tu voz me queda el susto
De saberme el corazón ¡ay, en tu lazo!...

¡Ladrona! susurró tu voz a mi embeleso
Y un dardo traspasó mi triste pecho;
Por eso yo contradenuncio este bien-hecho,
Por eso yo ¡ladrón! te acuso un beso...

¡Ladrón!
¡Ladrón!
¡Ladrón!

INVITACIÓN A PECAR

Vayámonos los dos a deshonrar el campo
Donde no haya leyes que guardan el silencio,
Que este fastidio inmenso que se cruza en mi pecho
Baje cual la corriente en un río de encantos.

Ven, ¡vamos! Que tengo alma de nube
Y quiere cual llovizna derramarse en tus besos;
Porque este pensamiento quiere dormirse quieto
Abrazado a tu pecho y a tu alma de querube.

Invéntame un lugar en el campo sereno
Y rómpeme el silencio en esa selva virgen;
Abóname la tierra con tus labios que gimen
Y atraviésame el pecho con tu latido eterno.

Yo te haré un collar de bejucos y flores
Y te haré la promesa de guardar el secreto;
Enterraré en el campo la semilla del beso
En donde crezca un árbol de sombra y corazones.

Vayámonos ocultos sin abrir paso al viento
Para que se sorprenda, del grito, el mismo aire;
Y así, hecha llovizna y canto, música y baile,
La tierra reproduzca un nuevo sentimiento...

ARBOLITO CONTENTO

La naturaleza vierte
Colores a sus criaturas
Y por su gran hermosura
El paisaje pinta verde.

La tierra vierte alimento,
El sol da lumbre al secreto
Y la lluvia en su momento
Llega a la sed del proyecto.

Una semilla, por cierto
Bajo el suelo crece ¡crece!
Y un par de hojitas tienen
En sus pestañas deseos.

De niño a joven resuelto
En adulto se convierte:
¡Las ramas vibran alegres
Del arbolito contento!

"No hay árbol que el viento no haya sacudido"
(proverbio hindú)

RUEGO EN TONO DE AMOR

He tratado todos los placeres y tanteado los gustos
Aún me sabe el paladar a ti y te invoco, bienhallada
Ya por costumbre o por vicio
Como si fueras la última coca-cola del desierto
O la codicia en el Edén...

Te me has escurrido entre los dedos, has escaseado;
Te has vuelto vieja de repente de tanto uso y mal uso...
Se han venido sobre ti todos los paraguas
En tu impermeable manto ya podrido
O yo en plena mocedad me he desgastado...

Tu flor se ha pervertido y contaminado,
Sin embargo como un espejo circunvalado
Reflejas en medio de tus ojeras y tu piel percudida
Esa belleza rara de pícara inconsciente...

Me sigo enamorada a tus raíces algo amargas,
Pero brotando miel al tajo de la mano que golpea;
Y excavo tierra abajo buscando la humedad palmar
En el vientre de tu única existencia...

Ven toca la puerta, vierte en mi la savia de tus pechos;
Tu lechosa saliva... osa como el amante más tierno
En este corralillo inventado de piernas y de abrazos
Y quédate tierna en mí
Con tu piel arropándome el frío que da
La desnudez de estar fuera de ti
En este inmenso lar de incertidumbre...

A-RUINAS

Hacha al árbol centenario,
Hacha al palo...
Golpe a golpe se destruye el sentimiento...
Continuar con ese ritmo
Debilita el fundamento
Y un amor no reproduce
Entre las ruinas del tiempo...

EL MAR SOBRE MI CABEZA

Arena es el pensamiento
Que humedece la marea
Cuando al hacer su tarea
Cumple con un mandamiento.

El sol aborda la playa,
Las gaviotas se revuelven
Y sobre la orilla verde
Se está peinando una palma.

Cae la tarde pintoresca
Y teñida de emociones
Cantan alegres canciones
Las olas rozando piedras.

El viento revolotea;
Va subiendo la marea
Y el pensamiento se alegra
Porque se ahogan sus penas...

Siento que la paz se acerca
Cuando el agua me acaricia
Y aumenta aún mi alegría
El mar sobre mi cabeza.

¡He perdido mi gotita de rocío! Dice la flor al cielo del amanecer, que ha perdido tosas sus estrellas (Rabindranath Tagore, filósofo y escritor indio)

RAZONES PERSONALES

Yo no me caso porque me hayas ofrecido
Casa, cobija, pan y amplio camino;
Si me caso contigo es porque he comprendido
Que si sientes amor lo demás viene contigo.

Yo no me caso porque haya probado
Esas delicias que tu carne me ha brindado;
El sexo humanamente es necesario
Pero para casarnos no es primario.

Yo no me caso porque me presionen socialmente
Ni porque los amigos me dijeron que eres bueno;
Ni por tu buen trabajo, ni tu porte o porque tu familia,
Es sólo que algo en ti me ha conquistado: te quiero.

Sé que si busco el YO para hacerlo posible
Se me hace imposible el TÚ esperando,
Voy hacerte feliz, porque así dando
Siento que estoy en Dios confiando...

"Los hombres están siempre dispuestos a curiosear y averiguar sobre las vidas ajenas, pero les da pereza conocerse a sí mismos y corregir su propia vida"
(San Agustín, obispo y filósofo)

SEMILLAS BAILANDO

Un árbol atiende el viento
Que llega como visita
Y éste al mover su colita
Coquetea al verlo inquieto...

El árbol se va durmiendo
El viento va aprovechando
Y en el momento planeado
Hace fiesta el viento abierto...

El árbol se ha despertado,
Los frutos se han sacudido
Y sobre el suelo encendido
Las semillas van bailando.

ALTA PRESIÓN

Hoy me vendí al peor postor de todos los tiempos:
El coraje
Influenciada por la presión de la bota de los presionados.
¡Ah, gorda manía de pedir más cuanto más tienen
De explotar a los miserables que al peso de la semana
Le suman el impuesto
Y todo ¿para qué?
¡Para seguir siendo pobre!

Que si la economía avanza
O se retrasa deliberadamente...
Somos un sancocho en esta podredumbre
De estiércol humano
Sembrándonos al hoyo
Sin saber que muertos somos semillas estériles...
E injertamos a los hijos de nuestra generación futura
Un abandono de principios sin un final seguro.

Mañana lo intentaré de nuevo...

"Si la mañana no nos desvela para nuevas alegrías y, si por la noche no nos queda ninguna esperanza, ¿Es que vale la pena vestirse o desnudarse?"(Johann Wolfgang Goethe, poeta y dramaturgo alemán)

QUÉ SERÁ O SERÁ

Será que el pensamiento ha invadido
El silencio que ha logrado la distancia
Porque siento ecos, voces, hondos ruidos
Que me acercan otra vez aquella estancia...

Será que la mordaza se ha caído
Y al fin mi voz erguida, postergada
Quiera realzarse llamando en ejercicio
A la puerta que nunca fue cerrada...

O será el corazón que amortajado
Tras días englobados de tristeza
Venga con fuerza, enojo y como fiera
Que ha sido aguijoneada entre las rejas,
Se lanza sobre ti con entereza
A cobrarse una deuda del pasado...

"El hecho de ser habitados por una nostalgia incomprensible sería,
al fin y al cabo, el indicio de que hay un más allá"
(Eugene Lonesco, dramaturgo francés)

PALADEANDO

He tratado todos los placeres
Y tanteado los gustos:
Aún me sabe el paladar a ti
Y te invoco, bienhallada,
Ya por costumbre o por vicio
Como si fueras *la última coca-cola*
En el desierto o aquel fruto del Edén.

Te me has escurrido entre los dedos
Te has racionado-
Te has vuelto vieja de repente
De tanto uso y mal uso...

Se te han venido sobre ti todos los paraguas
Y tu impermeable manto, ya podrido
O yo en plena mocedad me he desgastado.

Tu flor se ha pervertido y contaminado.
Sin embargo,
Como un espejo circunvalado
Reflejas en medio de tus ojeras y tu piel percudida
Esa belleza rara de pícara inconsciente:
Me sigo enamorada a tus raíces,
Algo amargas, pero brotando miel
Al tajo de la mano que golpea,

Y excavo tierra abajo
Buscando la humedad palmar
En el vientre de tu única existencia.

Ven, toca la puerta,
Vierte en mi la savia de tus pechos,
Tu lechosa saliva
Y osa, como el amante más tierno,
En este corralillo inventado
De penas y desvelos,
Y quédate tierna en mí
Con tu piel arropándome el frío
Que da la desnudez de estar fuera de ti
En este inmenso lar de incertidumbre.

ADAGIO MELANCÓLICO

Nada. Un comunicado de prensa;
Una noticia vana;
Una nueva vieja;
Un artículo,
Un manuscrito;
Un borrón inédito.

Las buenas nuevas son
Como las "malas palabras":
Se dicen en voz baja o no se dicen.
Se les mastica,
Se lés traga
Y se les hace digestión
En el in-odoro del olvido
O en el pozo séptico del ayer...

La noche se las traga como al día...
Se dicen negras sobre el negro
O blancas sobre el blanco
O se camuflajean consonantes frente al sol,
Sin que podamos distinguir
Al enemigo brutal
Del amigo de verdad.

Por eso escribo sobre piedra
Aunque con eco agónico
Sólo quede para otra generación,
Mi verdad petrificada
Con mis versos a la par.

TIEMPO MUERTO

Ven
Como aquellos días
En que aún rendida
Me humedecías las noches
Con tu boca morena
Y tus ojos en celo aullando de placer...

Pasa conmigo la noche.
Sin ti
No encuentro penas dulces
Ni glorias pasajeras.
Sin ti la hiel es más amarga
Y la miel menos dulce.

¡Querida! ¡Sarna con gusto!
Perdona si a veces me pasé la esponja
Donde tú me hedías...

Tu olor se quedó en mí
Como una mancha
Sobre el cristal ennegrecido con notas de mi llanto...
Y ahora te busco en el vano silencio del desvelo;
En las ociosas horas en que ocupada me rozabas
Y te decía –ven luego-
Y tú te detenías celosa de mis ojos acariciando penas
Que siempre me inventaba para cubrir tu aliento
¡Ven!
Hace fuera de ti un frío largo y tenso
Y un calor bochornoso se me asoma a la cara...

¡No!
¡Que no soy yo sin ti!
¿Qué maquillista ha deformado mi rostro
Que no me veo la cara? ¡Es una sombra!
Una maldita sombra oscura y deforme,
Una nariz doliente sin tu aliento;
                Una boca salada,
        Unos ojos perdidos...
                        ¡Ven!
Irrumpe a medianoche con tu vuelo...
        Toca la puerta...
                Y mis entrañas.
¡Vuélveme el goce de tu aliento,
Y tu cuerpo en mi cuerpo se transforme!

SALMO SINÓNIMO AL ALMA

Y el Ser miró desde la altura
Viendo la tierra que era buena para sembrar
Diciendo: esparcid la semilla
Y así fue...

Se dio que el viento giró fuerte
Y dotó a cada ser aliento de vida
Y sopló: Multiplicaos.

Entonces corrió cada isleño a llenar
Su bohío de alegría, pan y semillas..

Y fue la sombra y la luz, el día siguiente.

Aquel amanecer con asombrado acento
El Taíno vivió toda la creación
En una gota cristalina muy notable a la vista.

Y vino un airecillo a dibujar con esa simple gota,
La verdad de mi isla, la silueta de mi mundo,
La quietud de mi uni-verso,
Y la virtud del éter le dio luces y sombras.

Y fue la noche y la mañana...
Y una nube observó el cuerpo sobre el Caribe,
Con aletas de palma, con cola de amapola
Y el pecho un coquí.

Pero se navegaba a una España sin cielo
En que el negro deslizaba su cintura

Cambiando su escultura en arraigada vena...

Y luego fue la luz sobre la sombra
Y amaneció más temprano que siempre
Pintándose el suelo de colores,

Y fue lo obscuro, y en claro,
El día postrero.

Y así nació mi raza verde y rebelde
En la que hoy por hoy, desde los tantos
Somos llamados hijos, (o hijastros)
De todos o de nadie, trigueños o amarillos,
Blancos, azules, verdes... aún cuando la sangre es roja.

Y vio "La Madre" que era bueno que no anduviésemos
Solos y nos llamó Borinquen, Borikén, Puerto Rico,
San Juan, para que heredásemos también, junto a los otros,
Aquellos, a los de todo el mundo, la Isla Del Caribe...

Y nuestros nietos dicen AMÉN.

PERSISTENCIA

Voz de impacto;
Voz sonora;
Voz de eco entre las piedras humanas
(hechas por el silencio)
Voz que quiebra por el rayo;
Voz que siembra como el viento;
Voz que roe como el cáncer;
De marfil para el diamante;
Voz de suave consistencia
Para este molde vacío,
No detengas la secuencia
De la gota que cae...
Hará hueco

DESVELOS

De repente me nace escribir repeticiones,
Monosílabos, ensayos...
Quebrantar las leyes, desafiar desatinos,
Confrontarme a las penas
Vaciarme las venas, remover escombros
E insepultar cadenas...
Y encontrar en los recónditos y remotos paisajes
Los versos que no encontré en el desvelo.

MAS-CIENCIA

Masciencia, Señor, masciencia
Ya tengo pruebas de tu existencia
Y de mi resistencia;
He seguido mis andanzas
En mi propia ignorancia
Soltándome de tu mano
Y tu tacto de paciencia...

Masciencia, Señor, masciencia,
Bástame la impertinencia
De salirme de tu amparo
Y apartarme del cayado
Por seguir mi propia senda...

Masciencia, Señor, mas-ciencia
Para olvidar mi insistencia
Y seguirme por tus huellas;
Pues si te pido PACIENCIA
Me darás muchas más pruebas.

"La tierra que no es labrada llevará abrojos y espinas aunque sea fértil; así es el entendimiento del hombre"
(Santa Teresa de Jesús, escritora española)

GESTOS SUGESTIONADOS

En un rincón apartado a media luz
Recojo con los dedos pensamientos,
Sílabas o monosílabos.
A legua veo la voz desdibujada,
Borroneada de los que *DICEN SER*
Y son mas que un plato de frituras macilentas
En el horno de ondas contaminados.

Lentamente volteo la cabeza dirigiendo la esquina
De los ojos a la calle...
No quisiera pecar de intencionada
Ni llamar la atención con mi silueta
Pero les deja que pensar mi actitud desubicada...
No es que le tache ni le esquive la mirada,
¡Entre mi alma y yo hay confidencias desatadas!

"Pensar es el trabajo más difícil que existe. Quizá esa sea la razón por la que haya tan pocas personas que lo practiquen"
(Henry Ford, industrial estadounidense)

SUSURROS

Me llega la poesía con las manos atadas
Y pronuncio versos, versos libres
Versos que hablan soliloquios
Que andan desnudos
Que caminan sin rumbo
Versos, (diría) no, no son huérfanos
Aunque vagabundean por ahí
En nido pensamiento
Como un gorrión ahogado
En la premura del silencio.

Ridículo silencio
Si rompo con las sílabas el aire
El tímido resuello del silencio
Vistiendo o embistiendo
La calidad del aire; ¡Que calidad pesada,
¡Es cantidad!
Cantidad rebanada, repartida, en gajos...

No quiero el aire almidonado
¡Lo quiero natural!
Pues no es contaminarlo con mi aliento
Al decir versos,
Versos que son suspiros del alma
Transpiraciones de un cuerpo invisible
¡Por el poro de la boca!...

DANZA PARA MIS VERSOS INTERRUMPIDOS

Oh musa hermosa
Versos del alma
Sendero intacto
En mi existir,
Huella profunda,
Rastros de sangre
Donde inconscientes
Murieron sin vivir...

Por ti respiro
Tú me desvelas
Y en ti se mece
Mi corazón;
Sombra anhelante
Ante el candente
Fuego que quema
Mi propio yo

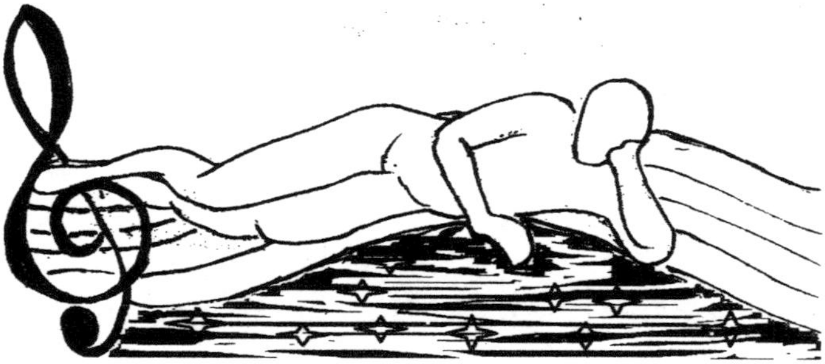

EN SENTIDO CORAZÓN

Oh, si te latiera el corazón cuando yo paso,
Porque en mi pecho hay latigazos;
Irrumpes cual castigo al amorío
Que por tu causa se sembró en el pecho mío...

Si te latiera el corazón y yo supiera
Que no eres una piedra
Que no daría yo porque feliz tú fueras,
Cuando se va la luz y quedas en tinieblas...

Si a cada movimiento mío le dieras tu mirada,
Bendigo tu salida como hice a la entrada
Y en mi copa brindara cual fuera y estuviera
Tu decisión tomada...

Es que me late el corazón cuando tú pasas,
Por eso siento graves latigazos
Como alcanzar la muerte en un portazo
O atravesar la vida en un vistazo

Es que me late el corazón, ¡tú no supieras!
Porque si tu alma loca se rompiera
¡Tu corazón loco se viera
Con el solo compás de esta traviesa!...

LA MANZANA PICADA

¡Ah, mundo!, la gran manzana
Lo negro que le pasó
Que se le metió un gusano
En medio del corazón...

Fue tramando poco a poco,
Poco a poco la rodeó
Y sin que nadie advirtiera
El primer mordisco dio...

Y en tanto la suerte loca
Se retorcía de dolor
El gusano relamía
Su boca con estupor...

¡Ah, mundo!, la gran manzana
Aturdida despertó
Sacudiendo la modorra
De un mal sueño ¡o que sé yo!

Y como un rocío salado
Por la esencia le bajó
Y a la segunda mordida
El *árbol* se derrumbó...

Se tornó de noche el día
Y hasta el sol oscureció
Como filmando una escena
De película de horror...

¡Ah, mundo! aquel paraíso
Siempre fue la tentación
Que desafiara el hombre,
De adentro, y del exterior...

La codicia a la inocencia,
La ignorancia del montón...
¡Un minuto de silencio,
No afecta ningún reloj!

Gran acierto tuvo el hombre
Dulce, para toda tentación
Que le cediera por nombre
¡LA MANZANA a Nueva York!

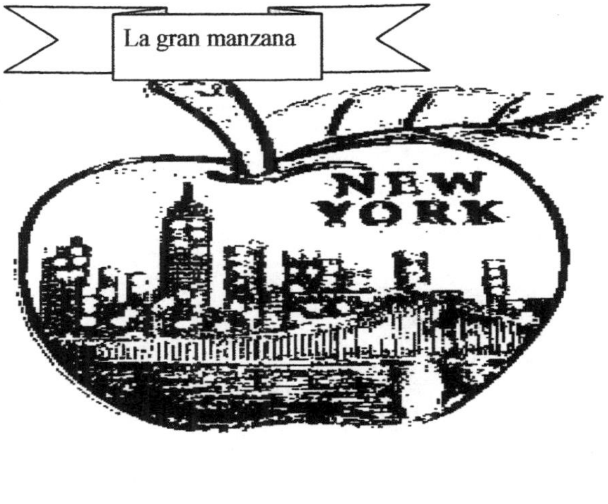

GEORGES 1988

...Y el pueblo quedó cargando agua en sus puños
Y aire en los bolsillos...
Y fue la noche y la mañana
El día segundo.

Aquel amanecer parecía mentira
Como parece de extrema verdad
La esperanza,
Que no muere
Palpitando en cada pecho--
Pero llegó la noche y el pueblo
No esperó
Y se fueron
Se-pa-ran-do.

Y fue la tarde y la noche
Y de madrugada
Hubo asaltos por hielo,
Por cable,
Por teléfono.

Y vino La Autoridad de Averías Al por mayor
Y nadie perdió tanto
Como quien perdió la calma.

El cuarto día apareció un águila en el aire
Flotando amarguras...
La fiebre apareció.
El hospital quebró.

Entonces, los que no cayeron antes
Sucumbieron poco a poco
Al golpe del huracán.

La noche siguió al vuelo;
Y encontrándose el día
Ya sin el paraíso,
Volvimos a los ríos
A estrujar los pañales sobre peñas,
Al aseo de segunda,
A cargar agua en balde;
Y al monte con machetes
A resolver el pan
Con sudor y dolores...

Y fue la noche y la mañana
Y los segundos volaron
Convirtiéndose en días:
En días como aquel día,
En diario nocturno...
Con abejas sin flores
Aves sin alimento--

Y un mundo de colores
Unido en arco iris.

Y mi pueblo retoñando...
Pues no hay mal que dure cien años
Y el pueblo con esperanza
Vuelve a ser
Guayacán...

A UN ARTE-SANO

Este madero de mil piezas distintas
Parece de una sola...
El artesano es bueno:
Me ha condecorado un cuerpo
Que aunque ha sido agujereado
Por los clavos de la vida
Me he doblado (como una palma)
Pero no partido.

Y me he seguido en pie
Aquí y arriba
Siempre con temor al golpe,
Pero no al derrumbe,
Porque hay gente como tú,
O maderos como tú
Con la mano tendida
Como un cordón inquebrantable
O una cadena inoxidable
De seres, siempre seres animados
O arrimados
A la mano del Principal Artesano
¡Previniéndonos la muerte!

SOL MAYOR

Huellas y surcos

REFLEXIÓN EN DO BEMOL

¿Por qué, oh momentos dulces,
No retienes el azúcar en tu boca ligera
Y tu rápida inconsciencia en mis anhelos?

¿Por qué tan pasajero el sol, la primavera
Y tan larga tu ausencia y el velo de tristeza y el hastío?
¡Aún siento más poesía entre los dedos truncados por la tarde,
Detenidos ante un "stop sign"
Y luces rojas en los segundos del primer beso
          Y el último te quiero,
Segundos de mi amada doncella violada entre desvelos
Con virginidad intacta en mi intelecto.

Aún siento en el desvelo la lúbrica adolescencia
          pidiendo a gritos
El beso del amante que la ignora.
Aún ¡Qué suerte o que infortunio!
Miro atrás y cuento los pasos desgastados de mis antepasados
Y pienso que no se ha dicho todo;
Que no han reconocido su paso por la tierra
          (aunque surcos,
Que siempre hacen más mella en mi existencia)
Como la de "llorar mis alegrías y cantarme las penas"

Aún salta la sangre de la pluma, sangre azul, sangre negra,
Coágulos de tinta enamorada sobre gasas tendidas
          por la espera
De que la mano pose desnuda
Y se pasee en cueros del tiempo ensimismado a verter

Sobre amantes aburridos
Un poco de pasión agonizante, una dosis de amor
Y de dulzura.

Y aún me faltas tú para adornar mi cabellera de hilos blanqueados
A tanto mimo por los años detenidos...
¡Aún me quedan puntos suspensivos!...

MATERIALISMO O MERCURIALISMO

OH, universo material,
Mundo de cristal orbe accidental
La economía se disfraza de color.
No sé...
¿Por qué insistir alimentar el papel de color?
Si a tantas manos sudorosas
Se les amortigua el pan de mano en mano.

Oh, yo no sé que verde desvistió a Doña Esperanza
Despojándola de gracia y de virtud
Virtud de primavera...
¡Salve un árbol!
¡Que ironía que entre papel
Y tinta se desdibuja el ambiente
Para vestir de ambición del mas *podiente!...*

¡Si al menos fueran reciclables
Las enaguas que heredamos!
Por debajo el vestido es transparente
Y cubriendo las vergüenzas de arriba
Nos derribamos a un sueño desvelado
Planeando un mañana sin fin:
El octavo día... luna nueva... el año bisiesto...
las elecciones... el censo o la resurrección.

OH, yo no sé que verduzco
Madrugó a camuflajearse
En nuestro humilde corazón,
Pues si el VERDE es la esperanza
¡Píntenla de otro color!

POR LOS QUE PADECEN POR CAUSA DEL ARTE

Bienaventurados los que tienen buen gusto por el arte
Porque ellos no entrarán en el reino de los CIEGOS.
Y se dijo: hágase la luz, y la luz se hizo por ellos...

Sucedieron los colores y las formas;
El alfabeto y las cuerdas vocales
Y el hombre, dejó de ser aire para ser masa
Y exteriorizar sus sentimientos.

Y el arco iris tomó forma de pincel, voz y memoria
Para declarársele a la mano y juntar con ella
Un sentimiento de acuarela, donde con otras mezclas
Pintaron su originalidad el lienzo y toda materia de la tierra.

Y vio el libre albedrío que era bueno.

Entonces juntó brasas con madera e hizo carbón.
Y fue de noche a la alcoba y quedándose dormido
Sin saber que hacer, tomó del mismo, y escribió en la pared...

¡Milagro! Suspiró maravillado,
Y llamó al amanecer con voces de conciencia: ¡escribid!
Y nació del entrelazo la escritura. ¡Casaos papel y lápiz!
¡Arte perfecto!

(He aquí el hombre y la mujer en su primer capitulo de arte.
Pintura y escritura)

¡Cómo!

A DUELO CON LA AMISTAD

Al principio
No nos gustábamos el uno al otro...
Éramos como Caín y Abel;
Tú, por agradar con la primicia,
Y yo con las sobras.

Y una mañana yo me levanté celosa
Y te maté,
O mejor, nos fuimos al duelo,
Pero la bala se quedó estancada en el ayer,
Y sobrevivimos.

Ahora nos damos la mano
O nos besamos la mejilla
Y aunque no te gusta mi perfume
Ni a mí tu camisa
Y a veces nos miramos de reojo,
Tú te ríes conmigo... y lloramos...
Y cuando no estoy,
Me buscas... y yo te extraño.
Y así somos hermanos.

Al presente,
Cuando se han recogido las nubes,
Y dispersado tormentas
Y planeamos el futuro
Entonces ya seremos amigos otra vez
Y me dirás: ¡cómo has cambiado!...
Y yo te invitaré un café.

APPASIONATO

Todo lo dices tú,
¡Todo lo dices!
Con la voz cerrada, abierta el alma
En suspiros
Por poros de la piel,
Transpiraciones
Ecos de soledad, la lejanía;
Olor, desinquietud
Ronca la noche
Y hablas sin hablar
(Son pa' mis oídos)

El verso sale así en pretérito perfecto,
Zumbido de emoción
Cuando caminas,
Como si compartiéramos las mañas,
Te mueves,
Yo respondo
Y yo
Y charlo con mi voz

Como si oyera
Un dúo unificar
Y o un solista cantar...

ASESINOS DE SURCOS

Todos los días se nos muere un muerto
De desilusión y olvido:
El que no quisimos enterrar por ser muy bueno.

A lo corto del camino se quitó la piel
Se quedó en huesos; se desabrochó su ser,
Se le heló la espera…

Todos los días olvidamos el espejo, la sombra,
La huella que nos heredó
Aquel que hoy dejamos marchitar...
Ya sin sereno y sin sombra.

Dejamos marchitar lo que será, y lo que fue
Como en el limbo una flor…
Todos los días se nos atora un paso, no avanzamos…
Y entristecemos si abrimos las ventanas
Y llega un aguacero a ahogarnos la almohada:
¡Tiempo imprevisto! ...

A la medida le faltó exactitud, se evaporó la luz
Y ciegos vamos peregrinos;
Ni un can amigo nos señala el camino, ni un lazarillo…
¡Por orgullo dejamos que el muerto se nos muera! …

Ya no nos guía ni el rosario, ni el rezo, ni cruz,
Ni pensamiento…
Y volvemos a matar los voluntarios
Que dejaron por la tierra
La huella con su ejemplo…

CANTO EN SÍ MAYOR

Nada. Un comunicado de prensa;
Una noticia vana;
Una nueva vieja;
Un articulo,
Un manuscrito;
Un borrón inédito.

Las buenas nuevas son
Como las "malas palabras":
Se dicen en voz baja o no se dicen.
Se les mastica,
Se les traga
Y se les hace digestión
En el in-odoro del olvido
O en el pozo séptico del ayer...

La noche se las traga como al día.

Se dicen negras sobre el negro
O blancas sobre el blanco
O se camuflajean consonantes frente al sol,
Sin que podamos distinguir
Al enemigo brutal
Del amigo de verdad.

Por eso escribo sobre piedra
Aunque con eco agónico
Sólo quede para otra generación,
Mi verdad petrificada
Con mis versos a la par.

CUADRO

Llora la mañana de alegría...
Y entre su carcajear y mi corazón
Entonan una bella melodía
Donde te declaran mi amor...

¡Sss, silencio! No. No digas nada,
Sólo siente, ¡Siénteme, amor mío!
Afuera la mañana esta mojada
Igual mi corazón humedecido.

¡No te asombres!

Por mucho tiempo mi corazón había llorado
Hasta soltar la última lágrima de soledad
Y hoy llegas tú a mi vida, todo mojado,
Humedeciendo mi interior con tu verdad.

Y esta mañana, esta dulce mañana,
Que sensación tan grande la que hay en mí;
Mientras cantando, baila mi alma
Un dulce canto de amor dirigido a ti.

"Nada es más nocivo para la creatividad que el furor de la inspiración" (Umberto Eco, escritor italiano)

GERMEN O BACTERIA

Todo está contaminado conmigo
Todo lo que toco...
Soy un germen humano
Dotado de milagros.

Todo lo que toco tiene algo de mí;
La vida es todo un poro
Recibiendo abierta la agonía,
¿O a dónde va la lluvia
que golpea mi cabeza y se evapora
y otro poro la respira?

Y luego con toxinas
Se amarga el mismo aire,
Y respiramos del mismo
Hasta ser una bacteria mortal irreversible...
¡Y todo lo que toco está contaminado conmigo!

Por eso, hermano,
No temas en darme la mano
Porque el mismo aire
Y la misma tierra que pisamos
Es un ciclo
Donde la vida y la muerte se recrean.

Soy un germen humano
¡Dotado de milagros!...

RACISMO DISIMULADO

No te miden por el color ni la estatura
Te miden por el salario...
Te arrinconan a Walmart
A los almacenes del olvido
Con su venta final,
O a la cocina a perfumarte con cebolla
Y a salmón.

No te miden por dentro
Por lo que puedas dar
Si no por el título que llevas en la frente
¡No saben que a veces la escuela
De la vida es la mejor
Y nos sella en la frente
La e x p e r i e n c i a!
Aunque para la brutología
Y la política no hace falta escuela
¡Se aprende solo!

En un par de corazones de la mano
Sólo hace falta la chispa
Con los cinco sentidos
Y el amor.

"Si crees que la enseñanza es cara, prueba con la ignorancia"
(AD)

PREMONICIÓN

Bienaventurados los que se escandalizan
Por las cosas pequeñas de la vida
Porque abonan las raíces para que la historia crezca.

Mas ay de los pecados que ocultos asesinan la simiente
Antes de que reviente
Y no dejan ni señas ni señales siquiera para que se propaguen
Los crímenes callados, porque la tierra engullirá su secreto
Y enterrará su alma...

Ni historia ni leyenda...
Nadie ha escrito nada sobre la nada;
Por lo que queda en cero, incontable, inédito, inconcluso
Sin puntos suspensivos el precio de la vida
O el pago de la muerte...

El silencio no flota en la corriente—
Mas por el inconsciente que no dejó una huella,
No habrá surco ni mella que se abrace a la historia
Para desenvolver y revolver la tierra;
No habrá resolución y nadie cantará
Porque en el desierto se llora.
¡Lágrimas!, ¡Vana cosa sembrada en el desierto!
Al menos el cacto tiene espinas
E inspira a tener nombre en un cuaderno
Al censo entre la arena...

No así,
Lo que ocultos sus pecados
No llegan a la luz de alguna nueva,

Ni amanecen;
Y embalsaman sus muertos
Y no nos dejan a los vivos resolver
Un rosario en la vida
De la historia.

ES CONTIGO SIN TI

Es contigo sin ti
Que me nace esta locura
De sudar vino y levantar la copa...
Contigo sin ti
La lava del volcán
No es roja, sino verde
Como si en cada semilla
Plantara una esperanza
Desarraigando cenizas
Para encontrar los trozos encendidos
Que nunca se extinguieron...
Contigo sin ti
Al alba se le nace un alma
Y crece... brota... rejuvenece...
Reverdece
Y menguan los recuerdos
Del mar dividido
Para llegar a la tierra prometida...
Contigo sin ti
La quimera del loco del Quijote
La absorbo
Derribando gigantes
En sus propios molinos
Y reciclo las horas transcurridas
Para llegar en punto
A la hora que tú partes
Para pasarla conmigo.
Es contigo, sin ti...

REGRESO AL EDÉN, capítulo 2012

1- Padre nuestro que estás en los cielos:
Nos hiciste rectos y correctos.
Mi rebelión no es contigo;
Me han tendido mil trampas,
Cien he evadido, pero quedan novecientas
En la palma de mi mano.
2- No por mi libre albedrío,
Si no, por el libertinaje
De no querer ser como tu imagen y semejanza
Y querer ser yo,
Yo por los siglos de los siglos.
¡No a lugar!
3- La cirugía me ha transformado,
La matemática y la sapiencia
Se han apoderado de mí
Como un virus en mi computador
(Mientras más sé, más sed)
4- Me desvié de la protección
Porque me sentí segura
En mi propio yo, con mi propio ser.
5- ¿Que quién me vendió el seguro?
Alguien, que como yo, también cayó.
6- Padre nuestro,
Quítanos una hora de luz en todo el universo,
La Internet, el tercer sexo y la clonación
Para que regresemos a tu Edén...

UNA CANCIÓN DE TODOS,
UNA CANCIÓN AL CIELO

SI SE CALLA EL CANTOR,
CALLA LA VIDA...
Tan sólo un momento, Negra:
El del último suspiro:
Pasas por el silencio a dar aviso
De que no cese el canto,
¡Que no cese la alegría...!

TODAS LAS MANOS, TODAS
Harán ronda a tu lado
Porque tu supiste, India,
Ser voz y voto al amanecer
En los pueblos de noche subrayados
Y entre los pobres
Voz de pan, vestido de alegría
Y techo de amor, ¡altas esferas!...

Ahora que calla el cantor
Vive la rosa...
Con tu rocío de voz
Regaste eternamente este jardín
Donde las manos-banderas
Se alzan hoy por ti
Flotando infinitamente Norte a Sur.

¡Ea! tu voz *COMO LA CIGARRA*!
¡Y que morir cantando!
Acabas de ganar el Nóbel Universo...

De heredarnos el arma,
De HONRAR LA VIDA, RAZÓN DE VIVIR;
Ahora tienes *OJOS DE CIELO*
Y los pies en *LOS BAILES DE LA VIDA…*

POR UN SOLO GESTO DE AMOR
Te arrebata el éter el alma
Tu carne se hace humo
Y tu espíritu vuela
COMO PÁJAROS EN EL AIRE
Ahora *tienes la tierra*
Y tu deseo de *que florezca el pueblo*
Se acaba de sembrar con tu partida.

PEQUEÑA, TODO CAMBIA
Y tu pueblo y todo el universo
Cantará una *CANCIÓN CON TODOS*
A tu nombre…*DUERME, NEGRIT@*
Y estrena *ESTAS ALAS NUEVAS.*

(A Mercedes, a nuestra Mercedes)
5 de octubre 2009

" Escribir, pese a todo, pese a la desesperación"
(Marguerite Duras escritora francesa)

YO TODO, YO NADA, NOSOTROS

Yo tú, yo él, yo nosotros, yo nada
Porque somos un cuerpo en este mundo lar
Donde muchos miembros se unen a favor del universo...

No quita ni manda o los pies o la cabeza
Porque respiramos por igual del mismo aire
Y el mismo latido de la Madre Tierra nos sustenta...

Yo todo, yo nada...
El mismo fervor, la misma hambre, el mismo color;
Que si negro con los dientes blancos
O blanca es la palma de la mano...
Que a veces nos teñimos el cabello y nos vuelven las raíces...

Yo todo, yo nada

Escribo estos versos para recordar que vos sois mis hermanos
Aunque calce otras medidas o media talla nos distinga
El desarrollo separa nuestras uñas de los pies y nos crecen otras...
Y una mano corta la otra... ¡ya lo sé!...

Pero si nos desmembramos, para entonces nos volveremos inútiles
Aunque hay quién nace manco
Y Dios le dio la dote aún de ser humano...

Por eso, yo todo... yo nada... NOSOTROS

TECNO-GRACIA:
(Fe hacia Dios, voluntad de hombre)

Todo lo vi como si fuera
Un parto en espirales,
Lubricado de lágrimas, sudores:
Un trampolín de *tecnogracia*
Una mano profunda y delicada
Separando el aire y la placenta.

La madre natural pare hacia abajo
Y la tierra al revés, ¡qué maravilla!
Desde el hondo murmullo mascullando
Terrones de terror, dolor de piedra...

Dolor pintado de negro a pulso blanco
Seguido de una anémica esperanza;
Y luego al abono de la fe
El rostro recobró la palidez,
¡Volvió la vida!

"Lázaro, sal fuera" gritó el Fénix
Y sonaron las campanas
Como el chillido primero de un nacido
Y su cara (la del Fénix)
Sudando gotas de un color marrón amoratado,
Lágrimas de bandera y de emoción.

Entonces, desde el fondo oscuro de la tierra,
Como un vientre a la vida
Brotaron treinta y tres capullos
Re-vueltos a la vida.

Todo un pueblo en torno
Celebrando la cosecha
Y doquiera que llegaba la nueva,
Ya era cosa sabida:
Una noticia de ayer esperando amanecer...

Y renació la algarabía alborotando nuevamente el universo.

Que un acto voluntario se espere victorioso
Como el de esconderse o prescindir de la luz
Preciosa luz, hermosa claridad, ¡aún se celebra!
A que un hecho forzoso, obligado, imprescindible
Te prive de la lumbre, te vuelva al vientre
Alimentándote por un cordón umbilical de acero,
Convirtiéndote en feto vivo, materia natural,

Saber que hay la gente que te espera, como un crío a la luz...
¡Hay que sentirse héroe!

¡Bienvenidos a la segunda vida!
¡A conocer la verdad, a ser libres!

Y ¡bienqueridos!
¡A cosechar, se ha dicho!
¡A cosechar lo que sembrasteis por ahí!

¡BIENVENIDOS!

Octubre 2010 /Marta Soledad

TE ABSUELVO

¡Armas blancas! ¡hm! Se pintan de inocentes
Maquillando sus párpados de vírgenes... ¡Nos pintamos!...
La manicura favorece las uñas y la piel
Dejando un tono de ternura, una pizca de gracia;
Un ven - te – vas y si te quedas, bien,
Pero vete que es tarde, no te quiero y si te veo allá ¡prepárate!

Los celos son pequeños...
Y entonces los seduce (seducimos) con esa minifalda
De colores primarios que, por si fuera poco, a nada induce...
Ellos sólo olfatean lo blanco y lo negro
Sin ver el gris en que se torna el párpado inferior,
Ni el rojo de la boca...

La mano se levanta a contemplar el vientre;
Los ojos se revientan
Y sólo queda el olfato de lobo merodeando el celo
Que despide la hembra...
¡Ah, manzana medida para tentación!...

Si Eva supiera el precio que pagamos (y propagamos)
Hubiese nacido del corazón del hombre,
De una válvula y no de la costilla más cercana al vientre,
Porque en el vientre cercamos y rodeamos armadas,
Desalmadas con mínimas armas, ¡casi invisibles armas!
(Armas blancas bajo nuestro pubis)
La secuencia de esta consecuencia actual
Que humanamente nos coloca al nivel de la vida...
Y el placer.
¡Padre Alberto, yo te absuelvo!

¡SÍ, SENOR! (a Facundo Cabral)

Como te luces muerte con tu rítmica manía
Si crees que has callado la vida con la mordaza al cantor...
¡Te equivocas! Has revuelto el silencio como un avispero.

Antes era el silencio un humano silencio,
Un delicioso silencio mientras cantaba *El Cantor...*
Ahora que *calla el cantor,*
Con tu visita has revuelto las notas
Y luego de estos días sin sol, nublados, nocturnos
Vendrá un verde sol a madurar con *su partida*
La voz que no cesó, ni pretendía
Porque cantamos por él... ¡Sí, Señor!

Que si *no eres de aquí ni eres de allá*
Entonces tu consejo de *volar bajo,* ¡*Adónde ha quedado*?
Pues te has ido a volar muy alto al cielo...
Y aunque nos heredaste aquella humilde carreta,
Habrá que engrasar los ejes para hacerla continuar... ¡Sí, Señor!

ESTA LA PUERTA ABIERTA, YO SÉ QUE SÍ
Y sabemos que ESTAS MANOS y NUESTROS PASOS,
ENTRE POBRES con tu amor y tu poesía
Y tu presencia que "antes quemaba y ahora ilumina"
Quedará entre nosotros
PA' QUE YO PUEDA CANTAR y cantemos... ¡Sí, Señor!

¡No, hermano, no te marchas, porque eres de aquí y de allá
Y nos dejaste un legado, ¿Recuerdas?
Un legado: A MIS AMIGOS les adeudo
La ternura, las palabras de aliento y el abrazo... ¡Sí, Señor!

REGRESO

No son las mismas manos las que cuelan el café
Y sazonan la comida;
Son manos inocentes al fogón y a la cocina.

Ayer fijé la vista atrás ciega de luces al futuro...
¡Qué auténtica manía de madrugar los dedos a teclear
Donde la luz artificial crea un mundo material!

¿A dónde está la clorofila del amor y la esperanza
De combatir la anemia del saber
Lo que hay detrás del caldo
Que resucita muertos y levanta los vivos?

No son las mismas manos las que hirieron
A fuerza de machete
Y a golpe de hacha el tronco seco
Para aplazar el frío del invierno
Y avivar la longitud del alma,
La latitud del cuerpo
¡Y la estancia de la vida!

¡Que original manía de acortar los sueños
Y provocarle el parto a la muerte
Para ganar terreno a la partida
Sin fin de luchar los años venideros,
Ni meta mas allá de los días,
Si no, avance hacia la noche,
Acercamiento a la tumba,
¡Advenimiento al olvido!

Fueron aquellas manos del pasado
Las que hirieron la peña
Pa'comenzar la fuente
Que hoy por hoy desemboca transparente
En el alma y la sangre de los que,
Hoy por hoy, miramos el espejo
Con la imagen reflejada del abuelo y la caña,

Del tío y el hacha, del papá y el café,
Y la matriarca
Con tizne en las orejas,
Achiote en la sien
Y hebillas de cadillos en los pies...

Ayer pisamos con cuidado la estacada
Para que hoy caiga otro
Y no haya generación
Ni quede rastro de lo que ayer pasó...

POR EL LABRADOR

¡No, mi machete no!
Mi machete no es para cortar cabezas,
Es labrar con entereza a la maleza
Y al son del chasquido de la yerba
Alegrar el corazón...

¡Que cómo!
Por los zanjones donde ando temprano
Con la semilla en la mano,
A veces se escapa un grano
Que no es de este café
Y un malojillo se asoma
A querer ahogar la planta
Que con orgullo planté...

Entonces hiero la furia
De este cardo que tortura
Y que el porvenir augura
De un vano fruto, por cierto,
Muy falto de calidad...

Y es ahí donde entra el filo brilloso,
Como una joya
Y en la luminosa hoja viene,
Junto con el corazón de un malojillo,
La arteria de otro que ahoga
Mi verdosa plantación.

¡Macheteros! Gritan revolucionados
Los cardos que no invité-

A comerse la semilla
Que con alegría planté...
Y yo me río a zancadas
Alboротando a la yerba
Que a esta fiesta no invité.

¡No! ¡Mi machete, no!
¡Mi machete no es un arma
Es el alma de la tierra
Do el campesino firmó
Para mantener en pos
Su tala, su casa, y,
Con voz entrecortada,
La mancha de labrador!

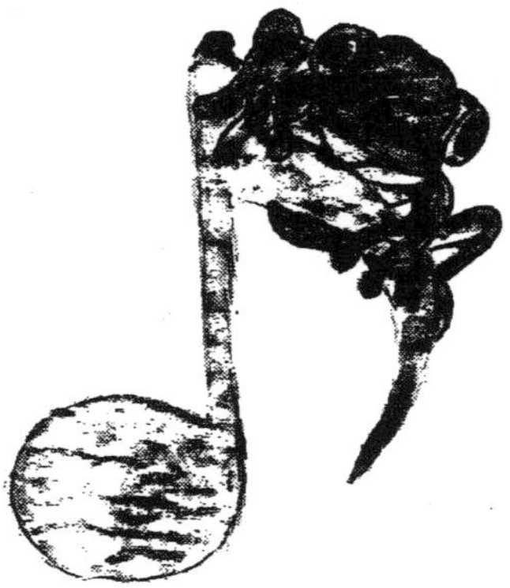

PECAMOS DE OMNIPOTENTES

Pecamos de omnipotentes
(y ofendemos a Dios)
Cuando rompemos los límites de la vida,
Las leyes, las reglas
Y nos saltamos las bayas del camino
Y los muros de la muerte...

Y provocamos el dios ciego que nos guía.
El libre albedrío es un riesgo común,
Dote al homo sapiens;
Pero el constante desafío
Nos lleva a otra salida
Donde no siempre accedemos a la meta...

Y tirando la suerte a lotería,
Nos jugamos la dote
Y si perdemos
Intentamos de nuevo
Y ganando, jugamos otra vez
Porque fue suerte para mantener la suerte

Y pecamos de omnipotentes
(Y ofendemos a Dios)
Cuando rompemos los limites de la vida...

"Pensar es el trabajo más difícil que existe.
Quizá esa sea la razón por la que haya tan pocas personas
que lo practiquen" (Henry Ford, industrial estadounidense)

JERGA EN DOLOR MAYOR

Ahí-va-la-bala, ahí-va-la-bala
La calle está cantando en otro tono.
Un sonido se cuela entre las rejas
Un fuego granizado ¡Temor!

La muerte lleva plomo en su mirada, otro cantar:
¡Ahí-va-la-bala, ahí-va-la-bala!
Dueles con tu tono gris
Y envuelta la sangre en cenizas
Se alza la bandera del temor de otro color
(Incoloro y ciego de luz)...

Ya no camina la sangre por la tierra,
Ahora corre, vuela y rueda.
El suelo tiene olor a herrumbre,
Laguna de dolor, hez de alimañas
Y estiércol de esqueleto
En desértico lar de cruces retoñando.

Arde el terreno gris en llamas de temor,
Con fuego ciego sin color ni calor,
Sin que podamos detectar la masa que se cuece,
¡Ahí-va-la-bala!
Cuece la bala un cuerpo al polvo de la tierra
Sin que Dios pueda evitar el zumo sacrificio
De alimentar al polvo con la carne,
Del hombre, limpia y buena;
Sin que el plomo se adelante a su principio
Y sin que el que aprieta el gatillo detenga su maldad,
Ahí-va-la-bala, ¡ahí-va-la-bala!

LINAJE, CAPÍTULO 11; VERSÍCULO 19

Cuando ya todo aclarado en aquella faz sin sombra
Al repartirse la luz,
Cada cual tomó su estrella.

Y Adán *tiró al garete* los idiomas...
Por lo que cada ser tomó el timón
Desembarcando donde mejor pudiera.

Aquello era legal: la libertad y el sol.
Y fue toda la luz a derramarse por igual
En cada corazón.

Mas no conforme, el hombre desleal,
Se abrió camino, acaparando aún más
De lo que pudo ser, asaltando el universo
Con armas de poder.

Y concluyó la tropa a España, con igual interés
De redondear el mundo para hacerlo detenerse a sus pies
Por lo que consiguió parir, por agua, indios,
Por equivocación.

No, no fue la trinidad, fueron tres barcos,
Tres naves con cruces de dolor:
Que si la Santa, *Santa María,* ¡ja! ¡Vaya comparación!
Santa María da vida, no quita, si asalta, ni invade...

Y *¿La Pinta*? ¡hm! Pinta de oveja o de cordero...
Lobo rapaz, león sobre la presa mansa... y cedimos...

Cedimos como *La Niña*, cedimos la inocencia,
La castidad y la custodia.
Y aquí nace la historia de la "Madre Patria"
¡Ja! ¡La madre!, ¿De quién? ¡No!
¡Una madre no te vende!

Pues dotando un escudo a la conquista
¡Con un cordero inocente, rodeado de leones!
¡Vaya historia que heredamos!
Como plantando una cruz
Donde yace algún muerto.

Cuando todo "descubierto"
Y la faz quedó redonda
Y el silencio fue grito
Y la inocencia pervertida...
De un sablazo bajó la historia
Tatuando nuestra memoria...
¡Y aquí no pasó nada!...

"La vida exige a todo individuo una contribución
y depende de individuo descubrir en qué consiste"
(Viktor Frankl, psiquiatra austriaco)

HIEL CON CENIZAS

A dónde va el amor
Cuando la necesidad se interpone...
Se vuelve culpa y pena, dolor y desamparo.
Ya la luna de miel se va al carajo
Con hiel al hombro
Sazonando con cenizas
El paladar del celo y la dulzura...

Debajo de la lengua un calambre
Adormece la sonrisa
Y anestesia los besos;
Las caricias son golpes,
las palabras navajas
Y se casan las brujas entre sol y lloviznas.

A dónde va el amor cuando
Él último pedazo de pan
Se ha repartido
Y ya no queda aceite ni harina
Si no, hambre para ser compartida.

A dónde sin horno ni fogata,
Sin cobijo corpóreo
Porque ya la distancia ha apagado la flama
Y sin la llama ardiente no se cuece la masa.

A dónde va el amor cuando sin cuerdas
Atadas a la tierra no está el techo
Y viene tempestad y soplan vientos-

Y se nos descobija la casita
O el nido se nos queda a la intemperie...
A dónde va el amor cuando
A lo cotidiano
Le aprietan los zapatos
Y le sobra la carne a la camisa.

¡No!, ya no posa en la piedra la alegría
Fue ilusión, arena movediza
Que a la buena vivimos a la buena
Y en las malas cortamos la sonrisa
¿A dónde va el amor, a dónde?, ¡Dime!...

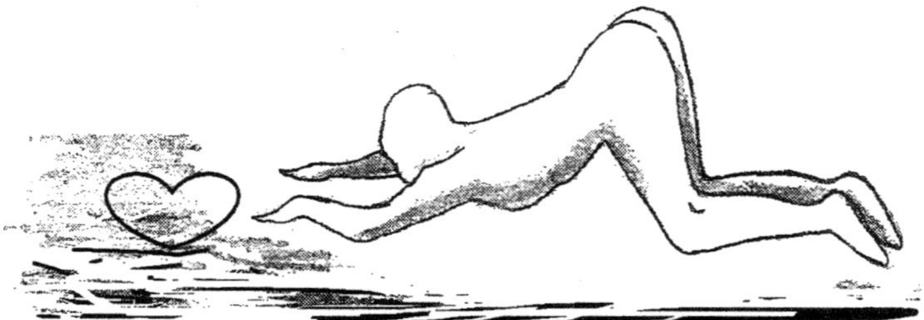

NOTAS MENORES A TIEMPO MAYOR

A veces me miro en el espejo la otra yo
Y alcanzo ver mi edad en los poros apretados...
¡Cómo has crecido!

Tus pechos ya marchitos se mecen como gotas
Al tacto de la brisa, (muy deprisa)
A punto de caer en el estanque del abismo.

El ojo del ombligo se asoma en el cristal del agua
Movida por el viento
Como distorsionando la cintura
En una mueca de cachetes abultados.

Tus muslos tiemblan sueltos
Como sábanas mojadas en el aire,
Y tú,
Toda tu entera piel descobijada de gracia
Con marcas de los años tatuadas
En el fondo de ti.

Miro de arriba abajo...
Cambio de posición y desempaño el cristal
Y como una mona vestida de color,
Mona me sigo...
¡En vano esperé mejores tiempos!...

"A veces podemos pasarnos años sin vivir en absoluto, y de pronto toda nuestra vida se concentra en un solo instante"(Oscar Wilde, dramaturgo y novelista irlandés)

RECUERDOS DE VAPOR

Susurros... Aguzo el oído.
Quisiera poder descifrar el golpe del río
Que baja en torrentes... ¿Qué traes?
Antes la niñez parchas y naranjas;
Caía la lluvia del cielo
Vestido, cubierto de nubes;
Desgarraba el aire con hilos de plata,
Con nylon de hielo y alfileres rotos;
Y luego en puntadas, hilvanando el campo,
Pegando la hebra a la vida mía.
¡Esos son recuerdos vívidas memorias!
¿Qué traes hoy día? Tristeza y silencio. ¡Ay, melancolía!
Una carta vieja con nueva estampilla,
Y unos garabatos apenas legibles
Como antiguo idioma desaparecido.
¿Qué traes?... Golpes en el suelo... descoses el alma
Agujas de vidrio, fibrosa manía
De pegar con dientes varios elementos
Y al próximo día prenda reciclada
Que se desbarata al roce del alba.
¿Que traes entre manos, rústica manía
De quebrarme el sueño con tu algarabía?
No llegas al fondo del terreno umbrío,
Por lo que no tocas las raíces secas
¡No la caribeña de la tierra mía!
Olor natural a bache de altura
Y tú fango helado, pálida llovizna.
(Si algún día juraba no beber del agua
La sed contenida sin opción a compra
Se ha vuelto CONVENIENCIA.)

GUARDARRAYA

Ya la gente me critica
Por referirme a la mancha:
Dicen que soy cual cangrejo
Que vuelve atrás en su marcha...

Que si se parten mis uñas,
Que se hacen callos en mis manos;
Que no piense en devolverme,
Que es muy duro ese trabajo.

Que si no pienso en futuro,
Que si voy rumbo al pasado;
Que si el pica-pica pica
Que yo estoy soñando en vano.

¡Y yo sueño, me amanezco!
En graduarme en medicina,
Para encontrar esa cura
Que sane mi tierra herida.

(En mis manos hay salida,
Yo tengo fe en estas dotes,
Pues si cultivo la tierra
Me pagará con sus brotes.)

Que en vez de sembrar cemento
En haciendo callejuelas;
Siembre trigo, grano y fruto
Y mi ejemplo sea la escuela.

Pues la lengua no da fruto
Si no la entierran y calla;
Calla, amigo, y que te sirvan
Tus dientes de guardarraya.

¡Escarba, escarba angustia
Deja tu lira salir,
Que el *aballarde* no pica
A quien no sabe de ti!...

¡Escarba, escarba pena;
Deja tu llanto hacer ver
Que las avispas no pican
A quien no sabe correr!.

ENSIMIMADA

Aturdida
Como sobre el agua móvil, nerviosa
En el charco estancado de mi ser
Con la imagen en pedazos como un rompecabezas.

Ha llovido la noche.
Ante el éxtasis del sol me asomo en aguas cristalinas
Como si me viere el alma haciendo espacio con las manos
A unas nubes sonrientes y aduladoras
Con su risa desdentada,
Aún hermosa,
Porque salen silbidos de aire puro entre las mellas;
Y da gracia contemplar su gargantilla,
Amarilla de luz anaranjada
Con un fondo azul de carbón enamorado.

Aún brilla más la claridad luego de la tormenta,
Como si a través de los cristales
Duplicara su sonrisa azul el cielo
En complicidad de enamorado y este mismo amor
Reciprocara la ternura de una nueva ilusión en la mañana.

Extasiada,
Como sobre el agua inmóvil, ansiosa,
Con la imagen en una sola pieza,
Soy un cielo sereno
Luego de la tormenta.

DESIERTO

Todos los días sacudo los abrojos del vestido
Y todos los días me crecen como la mala yerba
Como si las raíces estuvieran clavadas en el fondo de mi alma.

Bebo la herbicida del olvido
Y entierro en el pasado estaciones que nada produjeron
Y me brotan espinas por los poros
Cada vez que revuelvo este terreno...
¡Ya es hora de sembrar en otro sitio!

DESAFINADA

Canta pena,
Mitiga las tristezas;
Rompe con el silencio que atranca la puerta;
Derriba los muros presentes;
Deja caer la venda de los labios;
Libérate pena
¡La reja ha caído!.

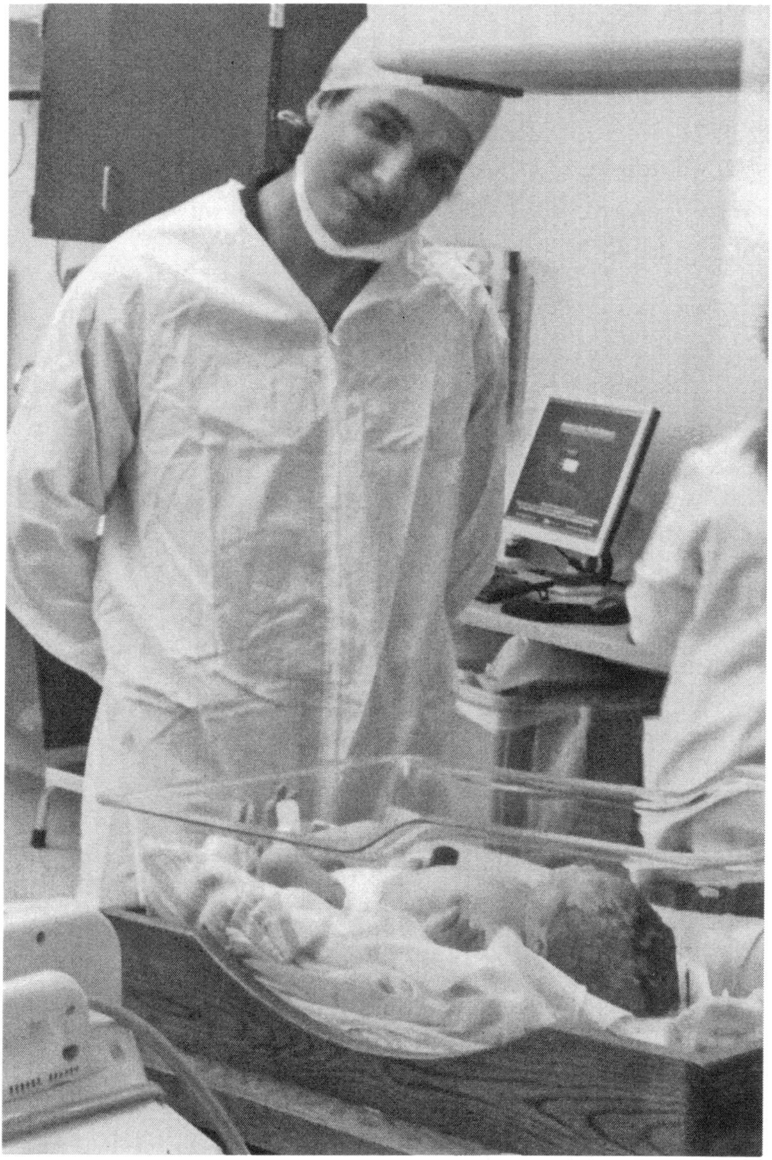

SOL SOSTENIDO
Coloquio de generaciones

DUERME, TUNE

Quién dijo que se ha caído la matriarca
¡Quién dijo?

Se acaba de dormir en el silencio
Sobre la tibia raíz del tronco fuerte
Para abonar la tierra que, le vio nacer,
Y ha cultivado.

Quién dijo que se ha caído,
Se ha dormido
Como duerme el otoño su tibieza
En la naturaleza-ley
Para dar paso al invierno fugaz
Antes de otra primavera.

Ya ves, "no está muerta esa flor,
Si no, dormida"

Quién dijo que se ha caído la matriarca,
¡Se ha dormido!

Verás la primavera florecer
Entre los hijos de los hijos
Y su generación descenderá
A poblar la tierra en que hoy duerme.

¡Hasta siempre, Tune,
Hasta siempre,
Hasta siempre, flor!

A MALCRIAR

Acá fuimos nosotros los del orden:
Impusimos las normas al toque de queda
Y repartimos privilegios.

Nuestros hijos se fueron de la casa,
Algunos satisfechos
Otros, al madurar, "re-verdes"
A madurar, se ha dicho
¡A madurar la libertad que no tuvimos!

Y al rato, volvieron a la casa,
Desnudos, sin amparo...
-Tenías razón, mamá- ¡Perdóname, papá!-

Y como un elevador
Detenido en cada piso... salió uno,
Entraron dos, ¡Y llegaron tres!

¡A criar, se ha dicho!
¡A criar a sus hijos!
Ahora nos toca vivir a nosotros
Y... ¡A malcriar!

CALCOMANÍA

La sombra de mi padre me siguió simultáneamente en mis embarazos dejando aparentes rastros de dolor en mis pupilas. En el ambiente se dibujaba una agria sonrisa y un no sé qué de penas transparentes, pero empañando el cristal con notable certeza.

Urgía la necesidad de un abrazo protector y seguro. Fue un constante desafío luchar y combatir mis demonios. Al lado de mi misma encontré la fuerza para seguir venciendo los tornados sobre mi cabeza, aferrándome al fuerte de mi propia vida.

A medida que mis hijos fueron creciendo, procuré darles lo poco que podía, pero mucho amor y el abrazo y la protección que no les faltaba. Ahora reconozco que me excedí un poco y por protegerlos, los sobreprotegí acaparando un poco de su espacio y su libertad. También se llama "malcriar". Ya en la etapa de la joven adultez se me revelaron un tanto, hasta que se tropezaron con su propia piedra. Entiendo que no podría seguir el mismo patrón con mis nietos, y borrando la amargura de ayer que me dibujaron en el alma, comienzo un nuevo cuadro, ¡Ahora estoy para malcriar a mis nietos!

"La memoria del corazón elimina los malos recuerdos y magnifica los buenos, y gracias a este artificio, logramos sobrellevar el pasado"
(Gabriel García Márquez, escritor colombiano)

CANON *DE MESA*

Caminábamos en la soledad de la vida
Los cuatro,
Como si cargáramos la misma en los hombros...
Luego se fueron yendo uno a uno
Y me fui quedando manca o coja,
Desbalanceada.

Ahora ya no sé si era mejor
Aquella soledad acompañada
O esta silla con patas demás
O esta mesa de futuro,
Para seis o para ocho-
Pero está el comedor deshabitado
Porque nos vemos en la calle
En comidas ligeras o servicios instantáneos.

Hemos crecido tanto
Que no alcanzamos a tocar el suelo con las manos,
Si no que volamos por las nubes
Con la Internet y el celular
Y nos amamos "vía cíber"
Y todos conocen, y el universo
Nuestras cosas sin tocarnos...

ELLOS SON MÁGICOS

Hace ya rato, cuando mi hijo tenia un año y medio, compré una caja gigante de detergente de lavar. Cuando la caja se vació, la coloqué en el bacón trasero en lo que la cortaba para tirarla y me descuidé. Aquel día, mi hijo se desapareció y estaba muy asustada. Lo busqué por toda la casa y no lo encontré en ningún lado. Revisé las ventanas que estaban abajo y las puertas cerradas, excepto la del bacón. Así que no se me ocurrió que pasara nada por dejar entrar un poco de aire fresco a la casa. Llamé por su nombre al niño varias veces y a gritos y no me respondía. Por último, busqué con la mirada a ver si se había caído y no vi ni la sombra. Nada. De repente, noté que la caja vacía se movía y salía un ruidito de adentro. Levanté la tapa de esta y ahí estaba, riéndose de mí...

~~

CONVERSACIÓN EN TRES Y CUATRO

Miguel (4) – ¡Yo quiero pollo!-
Gabriella(3) - ¡Aquí tienes diez dólares!-
Miguel - Papi, yo quiero pollo, toma estos diez dólares y cómprame pollo-
Padre - ¡Hijo! ¿De dónde has sacado el dinero?-
Miguel – ¡Me lo ha dado mi hermana!-
Padre - ¡Gabriella! ¿De donde has sacado el dinero?-

La niña, con sólo tres años, le miró enojada, mientras le tendía la mano con el resto del dinero. - ¿Qué, quieres los otros $20? El padre estaba muy sorprendido al dar con la ratoncita que le había tumbado los treinta dólares

BUT MA', IT'S NOT WORKING

Resulta algo difícil entrenar a los varones a ser pipí o pupú más que a las niñas. A lo que Shabela en días atrás estaba enseñándole a Miguel a usar el toilet. Luego de tratar un buen rato, la orina no salía aunque se sacudía el trastillo, el niño no pudo lograrlo y gimiendo, mirando a su mamá le dijo; -pero mami, es que no trabaja- Luego de unos días, fue *la dos,* aun estaba entrenándose en los 'pull-ups' y se le hizo. Traté por todos los medios de cambiarlo y con su pequeña edad, sintió vergüenza, y me replicó no cambiarlo porque Bebo (su abuelo) vendría pronto a cambiarlo. Al cabo de hora y media, su Bebo llegó y le devolvió el color a rostro. (Así que, mientras haya un abuelo que malcríe, no hay prisa por crecer)

MALCRIANDO LOS NIETOS

Mi padre colectaba el seguro social por el tiempo trabajado. Aquel tiempo era de pocos recursos y no entraba suficiente dinero en la casa. Mi madre sólo trabajaba en la casa por lo que no reunía lo suficiente para mantener a una familia de 7 hijos (dos más llegaron luego) Mientras tanto, la poca entrada que había, él, (mi padre) lo utilizaba para comprar caballos, que luego negociaba y no daban fruto, cerdos para crecerlos, gallinas y otros. Aquel día, el único par de zapatos que tenía, se me le quebró la suela y le manifesté que me comprara otros, mientras le mostraba el zapato roto, a lo que me replicó que no tenía dinero; yo murmuré: "tu nunca me compras nada". Me gané una bofetada y un argumento largo y tendido. –oye, vieja- (le dijo a mi madre), -oye lo que dice tu hija, que si yo me gasto el dinero en caballos, en mujeres, en vicios, en tantas cosas y que yo no me ocupo de ella- y por ahí continuó y yo me sentí tan miserable que lloré, más por lo que decía que por la bofetada. Así que tomé unos viejos, creo que de mi hermana y los remendé para poder ir a la iglesia y a la escuela. Nunca más pedí, no así mis hijos, aún con los pocos recursos que tuve, nunca conocieron el frío del suelo, porque nunca les faltó el tercer par de zapatitos. Ahora nuestros nietos los tienen al por mayor, tanto que les crece el pie y los zapatos se quedan si usar en la caja.

THE BEST CHRISTMAS

La tercera navidad de Miguel fue la mejor de todas. (Wow, this is my best chritsmas ever!) ¡Tres años! Nos sentamos a mirarlo desempacando los juguetes que le llevamos y los fue poniendo uno a uno sobre el otro hasta formar una torre, mientras contaba en voz alta. Dos meses antes de la navidad nos había mostrado los deditos de las manos mientras decía, "yo quiero todos estos" y contó hasta diez. Estábamos asombrados mirando el cuadro. Pensé que había olvidado la petición de antes. La lección aprendida es que mientras nosotros olvidamos lo que pedimos, ellos graban en la memoria lo que nos piden. ¡Da gusto malcriarlos!

~~

MIGUEL

Para Miguel, su Bebo es sólo de él. No quiere compartirlo siquiera con su hermana. Desde que nació se apegaron uno del otro, tanto en carne y sangre, como si la presencia del uno fuera el espejo del otro.

De acuerdo a él, no es un *baby,* es un niño grande, él es sólo un *baby* cuando su abuelo lo sienta en su regazo. Por lo que siempre se sale con la suya. A todo lo que le niegan sus padres, se sale con la suya, le llora al abuelo, y el abuelo lo complace para después enfrentar a sus padres diciéndoles: te dije que Bebo iba a ceder, y lo hizo. PADRES QUE CRIAN, ABUELOS QUE MALCRIAN.

MISA EN LA MESA

Sonaron las cucharas en la mesa
Como los campanarios...
Todo quedó en silencio.
Luego con insistencia
Un sonido mojado (cascabeles gastados)
En una nota rota.

Un zapateo ansioso,
Como suenan los mozos corriendo tras la misa;
La monótona risa...
Las eSes arrastradas...

Un destemplado quinto se formó en el pasillo
Como diestros soldados esperando la alarma.

En paz las emociones se fueron acercando:
¡Es la hora del baño!
Y un zumbido alimenta el silencioso cuarto.

La lengua de la ducha se luce enamorada
Ante la boca abierta...
Y saciando de espuma su siempre hambrienta mueca,
Vuelve la carcajada loca
A colmar el silencio
Y a perfumar la puerta...

¡Buenas noches, queridos!...
¡Yo también!...

Y una abeja se asoma en el panal del sueño.
La miel cubre la frisa.
Y antes de que amanezca
El zumbador florece
En la faz de la puerta.

¡Buenos días!... ¡hasta luego!

Y como si cantaran las horas
Y aplaudieran las manos,
Volvemos a la mesa
A unir las campanitas
Uniendo nuestras notas
En tono al mismo himno.

Éste es el nacional de la familia:
El que iza banderas,
Une a una las manos
Y a todo ser conforta en el camino.

Sonarán las campanas esta noche
Como llamando a misa a la familia,
Y en torno a un rosario de sonrisas
Bendeciré a mis hijos
Con un plato de alegría.

"Se puede decir que en la naturaleza no hay milagro,
pero también se puede decir que todo es milagro"
(Pío Baroja, escritor español)

OH, NO! WHERE IS BIBO?

A medida que voy pasando estas páginas, es otro día de vida en que veo crecer o desarrollarse el que rompió la fuente de ser madre para convertirme en abuela. Ha cambiado el aspecto de una casa, que no estaba vacía, pero la ha llenado hasta el colmo con sus monerías. Uno lo regaña porque hace cosas que no debe hacer, y él con su carita de inocente hace unas morisquetas que, aunque tengamos coraje, terminamos celebrando, no las travesuras, sino la cara de niño bueno, la manera de torcer la boca y los ojos abiertos como las figuras de "precious moments". Es todo un personaje que luego, como buscando consuelo, su madre le sirve el biberón de leche o agua, y él, yendo en reversa, una reversa exacta, mirando "por los espejos" y hacia atrás, se acomoda en el "estacionamiento" más cercano al abuelo hasta sentir la rodilla; el abuelo, para notar su reacción, lo ignora, a lo que el niño le da un coletazo y en cuanto al abuelo lo sienta en su regazo, el niño tranquilo se sienta y se toma satisfecho el tetero y luego se baja tranquilo, tira la botella para luego seguir matándonos a sustos y a risas. Ese es el precio de tener el nieto en casa...

" Los niños no tienen pasado ni futuro, por eso gozan
del presente, cosa que rara vez nos ocurre a nosotros"
(Jean de la Bruyere, escritor francés)

FUNNY BONE

Miguel cayó de coletazo al piso y se golpeó la colita con un objeto que estaba mal puesto. Con llanto y grito llamó la atención de su mamá mientras le mostraba donde se había golpeado, a lo que ella le preguntó-¿ Así que te has golpeado el huesito gracioso? (*funny bone*) y éste aun más enojado le respondió- ¡De gracioso no tiene nada!-

~~

I DON'T LOVE YOU THAT MUCH!

Gabriela, quien acaba de cumplir los cuatro años, está pasando por un resfriado y no quiere dormir sola, le pide a su hermano de cinco años que si puede dormir con él, a lo que el niño le dice, yo no te quiero así tanto (*I don't love you that much!*) para que duermas conmigo. La niña muy sentida por la negativa de su hermano, va llorando donde su madre y ésta interviene preguntándole al niño el por qué no quiere que su hermana comparta su cama, con un gesto indiferente, el niño le responde lo mismo- *because, I don't love her that much!-*

"Educad a los niños y no será necesario castigar a los hombres"
(Pitágoras de Samos, filósofo griego)

IMITACIÓN CANÓNICA

Ez, que no ha cumplido dos años, con su *imitación canónica,* ya quiere comunicar lo que quiere apuntando con su índice. Me agarra por la camisa y me hala hasta la cocina hasta encontrar algo que desea. *"ava, pish, momo, api"* o simplemente, *"ai uan dis"* apuntando en dirección a lo que quiere. A veces siento una mezcolanza de alegría y tristeza cuando miro hacia atrás los que parí y crié y ahora me dan nietos que me recuerdan un ayer que ya no volverá y que se repite en sus hijos. Extraño el ayer cuando los miro. Luego guardo las fotografías mentales y procuro vivir y gozar cada momento que paso compartiendo y observando con los que ahora comienzan: los nietos.

PRESTÍSSIMO

Por razones no aplicables a este cuento, tuve mis dudas por el que venía en camino. Había mucha incertidumbre en el aire. Todo apuntaba a otras direcciones. Finalmente, la brújula dio en el norte y supe que era el que era... ¡mi nieto!. Cuando vi su carita en la fotografía por primera vez, fue como una copia de mi hijo, casi un clon, con la diferencia del cabello, mi hijo era un peloncito.

Entonces el corazón triste por la ilusión de mi hijo y decepciones sufridas, me dio un vuelco de orgullo a 365 grados y me coloqué el retrato en el área del corazón junto al de mi hijo, y a tantos cientos de millas de distancia, le resté el trecho y quedó tan cerca de mí como el mismo corazón.

Niña...
Niña mujer...
Niña madre...
Niña con niño...
Madre soltera...
Niña realidad...
Pena...

LA ESTACIÓN FLORIDA

Yo no sé cómo viven los seres solitarios, esos que no tienen familia o hijos. Escasamente recuerdo mi juventud ida: alguna preocupación por mis padres, más por mis hermanos menores; sobretodo, cuando me quedaba a cargo de ellos. Procuraba no perderlos de vista porque si algo pasaba ¡la paliza era segura!. Después fui creciendo y tomando mi propia rienda: me casé y me convertí, un día, en madre. Una mayor responsabilidad, ¡y fue duro!. A mis preocupaciones de mujer, le sumé la de ser madre. Si se me enfermaban, si se ahogaban, si les picaban los mosquitos, si los empujaban, si los miraban mal... pero la mayor preocupación fue, que ya eran tres y decidí que no quería seguir casada y junto a la carta de divorcio, su padre me concedió la custodia definitiva (divorcio de sus hijos) y entonces anduvimos, mis hijos y yo, trabajando duro para sobrevivir. Aún eran pequeños e hice de tripas corazón para salir en adelante. Me dividí en partes iguales, o mejor, me multipliqué. Si uno se enfermaba, tenía que cargar con los tres; si uno iba a la escuela, eran tres; si uno iba a jugar en el patio, eran tres, ya que en todo momento estaba al pendiente. Si uno se acostaba, entonces, me unía a los otros, y entonces ya éramos cuatro los que tomábamos la siesta. Dormía con un ojo cerrado y con el otro vigilaba, pero nunca se me extravió uno del lado. Así, hasta el otro día, mi preocupación por ellos estuvo ahí, y ahora, ¡Para colmo, me dejan los nietos!

"El pasado me ha revelado la estructura del futuro"
(Pierre Teilhard de Chardin, filósofo y teólogo francés)

NIÑO ENTIERRA ABUELO

A la hora del almuerzo, Lalo, de 7 años, se puso triste porque había olvidado el dinero para comprar el almuerzo en la escuela. -¿Dónde está tu abuelo?- le preguntaron en el comedor, -mi abuelo se murió- respondió el niño. (Haciendo referencia de aquel personaje de cabellos blancos y escasos que a veces lo llevaba a la escuela) Y entre abrazos, pésames y condolencias, se sacó el almuerzo gratuito. Aquella tarde, a la salida de la escuela, la madre del niño notó que toda la facultad le daba el pésame por la pérdida del ser querido, a lo que ésta, inocente de lo sucedido, preguntó -¿Pero quién se ha muerto?- -¿Cómo? ¿Qué no ha muerto su padre?- y la señora, con una sonrisa triste, respondió – ¡pero mi padre hace años que murió!- Y entonces, ¿a quién se refiere el niño?... Según la descripción que se le dio a la señora, el niño hablaba de su padre. Un hombre que en su mediana edad le había procreado y del que, seguramente, llevado por fantasmas infantiles, le obligaron a inventar tal historia para salirse con la suya...

"La gente joven está convencida de que posee la verdad.
Desgraciadamente cuando logran imponerla
ya ni son jóvenes ni es verdad"
(Jaume Perich, humorista español)

TERCERA DIMENSIÓN

A dieciocho meces de la luz se quedó atrás aquella oscuridad tan dolorosa... ya comienza a brillar con su luz propia. El niño, con sus ojazos de pícaro, me arrebata la vida en cada susto con sus travesuras. Ya responde y sabe con monosílabos lo que quiere y lo que no le gusta. Constantemente llama la atención, niño al fin, con sus brincos y gritos. Sus miradas de ternura y de medio lado. Toca lo que no es suyo, mi computadora, mis discos compactos, me tira los platos y se mete bajo del fregadero. Se pone el sombrero y las gafas del abuelo, se come mis jabones, mete las manos en mi café y me tira las cucharas. Por fortuna, hasta hoy, está creciendo entre nosotros y a veces me confundo y lo llamo hijo en vez de nieto. No importa, es mi hijo en tercera dimensión.

EMANUEL ANTONIO (2)

El día que lo conocí se enterneció mi alma cuando lo tomé en mis brazos. Él me miró y me sonrió como si me conociera desde siempre. Un cosquilleo me recorrió la mejilla como si una cirugía me operara una sonrisa.
El viaje parecía eterno, pero tan pronto lo vi, fue como si después de un parto doloroso tuviera en mis manos el chiquillo y tan pronto lo cargué se me olvidó el cansancio y una tranquilidad me sucumbió el espíritu. Me regaló otro motivo para sonreír, y entonces, comprendí una vez mas que a los motivos concebidos se le sumaba otra razón para continuar...

~~

TRES POR UNO

El haber criado tres me hizo convertirme en la madre "perfecta e ideal". Mis hijos hicieron travesuras y casi siempre se las corregí a nalgadas, cocotazos o jalones de oreja. A veces se me pasó la mano un poco y me arrepiento. Y a veces pequé de bruta por ofuscada. Ahora veo a mi hija criar a su hijo (mi nieto) y sin querer estoy corrigiéndola constantemente y diciéndole como se debe hacer. Me entrometo y me imagino que casi todos los abuelos hacemos lo mismo... He optado por hacerme a un lado y me veo de vez en cuando haciéndolo otra vez. No obstante, sé que es el deber de mis hijos actuar como padres independientes y sólo intervenir, si fuese preciso, en casos de "emergencia". Después de todo, en parte, somos padres de nuevo, ahora de nuestros nietos y nos toca velar su bienestar, sin invadir el terreno de sus padres.

SALMO DE CALEB

Yo soy de mi abuelo como mi abuelo es mío

Con orín he marcado el territorio de su cara
Cuando apenas era un crío,
"orín santo' murmuró sonriente,
Y me hice de él por los poros de su piel.

Yo soy de mi abuelo y mi abuelo es mío.

Al levantarme para celebrar la vida,
Un pequeño temblor rozó mi barriguita
Y vomité su frente, ¡qué placer!

Yo soy de mi abuelo y mi abuelo es mío.

Toda mi baba se untó a su rostro
Como una mascarilla a su piel...
"baba santa', murmuró
Y una luz relampagueó en su lucidez.

Ebrio ya de su amor, le salto encima
Le lloro,
Y con pena de abuelo complace mis antojos
Y malcría mi niñez,

¡Yo soy de mi abuelo y mi Bebo es mío!

TIEMPO EN SON MAYOR

En nuestra relación, un poco tardía, ya nuestros hijos estaban prácticamente criados: Casi en la adolescencia. Ambos, mi compañero y yo decidimos que no queríamos empezar de nuevo. Así que juntamos nuestras familias para unificar un hogar. Nuestros hijos, de relaciones anteriores, se hicieron "hermanos" y nació el compañerismo entre ellos y nosotros. Ya criados, empezaron a procrear y nos hicieron abuelos... ¡abuelos! ¡ea! ¿Tan jóvenes? Pregunta la gente y nosotros sonreímos. Yo me reía cuando me hablaban de ello y decía que tomaba anticonceptivos para liberarme y me sigo sonriendo cada vez que lo asimilo. Es un milagro tener un pálpito por esas criaturas como si no hubiésemos visto crecer a nuestros hijos. Las preocupaciones vuelven, las alegrías, las tristezas y un conjunto de emociones hacen una orquesta filarmónica para la historia de nuestras vidas.

~~

IRONIAS

¿Por qué es que los padres cuando nuestros hijos tropiezan con un objeto, les enseñamos a golpear el mismo, en vez de quitarlo de en medio? Inconscientemente los incitamos a la violencia.

A medida que los veo crecer, más me doy cuenta de los errores que cometimos con los que criamos. Entonces, llegado el momento, les heredamos los mismos y la generación va engendrando, como un lunar, las mismas cosas que aprendimos de los antepasados. Ahora que soy abuela, recuento y recuerdo las cosas que vi, y quiero detenerlas para que sean mejores y no haya que golpear una pared que se nos cruzó o un objeto que nos golpeó; lo tomaré de la mano y le diré: ¿Qué te parece si quitamos de en medio eso?...

SI TIENES HAMBRE, AHÍ HAY COMIDA

Cuando Shabela y Manolo se criaban, era muy firme el no a los antojos de comidas rápidas o restaurantes o antojillos (snacks). Los niños se resistían a comer aún "con hambre". Era una cantaleta a los niños escuchar a los padres, relatar las historias de los niños famélicos del África, o de Haití, o de algún lado del universo, donde los países pobres no tienen qué comer, a lo que éstos terminaban tristes y convencidos a comer la comida casera y hasta lamer el plato. Hoy día, somos abuelos. Los nietos dejan la comida servida porque no tienen hambre. Agotamos las historias del hambre y la miseria con nuestros hijos. Para los nietos, todo. ¡Todo lo que pidan!. Si no tenemos la alacena llena de golosinas, y la nevera lista, para cuando vengan a visitarnos, lo mejor es Mc, o donde ellos elijan. Ellos no deben padecer por nada. *(Here we go again!)* : PADRES QUE CRIAN, ABUELOS QUE MALCRIAN.

~~

INTRO-MISIÓN

Aquel catorce de Febrero estaba en la camilla del hospital y sedada cuando le pregunté a mi compañero –¿Estás seguro?- y él me contestó -sí, lo estoy-. Sentí un gran alivio en el pecho porque yo tampoco quería. Mi hija menor ya tenía nueve años y yo no quería volver a empezar. Años atrás tuve la oportunidad de hacerlo y di un paso atrás diciéndome, "No. Quién sabe si algún día encuentre un buen hombre y quiera un hijo mío". Pasó y pasaron los años y llegó el hombre bueno, pero ya no lo deseaba ni él tampoco. Aun así le volví a preguntar y no escuché su respuesta negativa porque me quedé dormida. Al cabo de un par de horas, me desperté y él estaba ahí, celebrando. Fue el mejor regalo de amor que me di a mi misma. Después de todo, he seguido pariendo... ¡nietos!

SON EN *MI SOSTENIDO*

Le contemplo dormido y lentamente casi sin tocarlo le acaricio su carita de pétalo y siento la caricia devolviéndose al alma. Entonces comprendo que es la mano de Dios acariciándome el corazón con su mano de gracia. Yo no sé mañana, pero hoy, cada día procuro disfrutar su crecimiento o desarrollo y antes de salir de la casa, le paso la mano por su carita y le miro dormido y le acaricio como hacía con mis hijos. Si eso es "mal acostumbrarse" no lo sé o no quiero saberlo. Ya en adelante, encontraré sanar la herida que me quede con su ausencia.

MADRE SOLTERA

A mí no me causaba mucha gracia el hecho de que mi hija se embarazara sin marido. Terminé por aceptando, naturalmente. La gente me decía que el niño en camino iba a colmar mi existencia. Yo lo negaba. -los nietos se quieren más que los hijos, ya verás- decían. Entonces el niño nació y sentí un cariño infinito, como si en vez de nieto, fuera hijo. Algo cambió dentro de mí. Por años, llevé en mi cuello una medallita que leía SOLEDAD, no había nadie que me la arrancara. Aquella mañana, cuando regresé a mi casa, luego de que el niño naciera, la soledad se fue de raíz río abajo, dejando libre el alma para llenarla de amor y gratitud por esa criaturita que recién había nacido.

Comprendí que aún era fértil y cambió el "status" en mi página cibernética a *abuela pare nieto.* Lo cierto es que mi generación se prolongaba. Entiendo que, no es que se quieren más, es que al no salir directamente de nosotros, se les cuida el doble. Se entiende que, cuando algo no es de uno, se tiende a apreciar más que lo propio. Y todo lo que no vimos en nuestros hijos, ahora lo reflejamos en los nietos.

~~

¿POR DÓNDE PAREN LAS MUJERES?

Aquella tarde cuando le pregunté a mi madre que por dónde paren las mujeres, ella se asombró y exclamó; ay, *mija,* ¿ Por qué preguntas eso?...En mi casa nunca se tocaron esos temas puesto que nos criaron a la antigua con todos los tabúes de los antepasados. Al cabo de un largo, silencioso y hondo suspiro me contestó nerviosa –es por el ombligo, le sacan un tripita que uno tiene ahí, y después sacan el bebé- ... tenía escasamente diez años, pero la duda me persiguió por largo tiempo... Aquella mocedad escondía emociones 'pecaminosas', y mientras más fuetazos me daban, me escondía a descubrir las sensaciones del cuerpo sin imaginar lo que fue más tarde. Luego, aunque arrastré con los tabúes de mi familia, me casé muy joven (sin saber lo maravillosa que era la libertad "condicional" de la juventud) alentando a mis hijos, más tarde, sobre lo que se espera de una relación cuando se va a la ciega, mas vendada la mente que los ojos... Nunca hablé directamente del sexo, si no preguntaban, y aun así, les daba mensajes a media, total, si hoy día nacen sabiendo.

No estoy muy de acuerdo con la forma de llevar la educación sexual en las escuelas, puesto que la considero muy explícita, y lo menos que te hablan es de la responsabilidad. En mi inocencia, nunca vi esas cosas y aun así me abstenía. Estaba consciente de que si un hombre y una mujer se juntaban (no sé como o no sabía) brotaba la semilla sembrada, y el fruto... y la cosecha...ja, ja, ja. ¡Tuve tres!

LOS SACRIFICIOS DE NUESTROS PADRES

La única vez que Junito le pidió a su papá unos pesos que necesitaba, éste le contó la historia se cómo se había ganado las "perras" con tanto sacrificio. Desde antes del salir el sol, las madrugadas que se daba, cuando de sol a sol se quemaba las pestañas, para conseguir un duro. Del trabajador del labrado, de la dura tarea de soportar, más el patrón, que el mismo trabajo; la picada de abayardes, las avispas, las espinas, en fin, que entre la misma historia cargada de sacrificios como la mano para entrar y salir del bolsillo, Junito bajó la cabeza enternecido y el viejo se quedó con la mano extendida. Hoy día, damos a manos sueltas sin medir el sol, ni la jornada, ni los malos ratos... para mis nietos, ¡todo!.

OCURRENCIAS

Shabela aún no cumplía cuatro años cuando fue con su mamá a dar una vuelta en su 'standard' apenas aprendido. La niña que ya bahía escuchado a su papá hablar sobre la diferencia entre el 'standard' y el automático, observaba la dificultad que tenía su mamá con el carro. Así que desde el asiento trasero, se echó hacia atrás, sacudió la melena y colocando las manitos sobre la nuca, aguza el piquito y le dice: ¡Mami, tira tercera! (¿Que son pequeños, y no saben?)

QUE POR LA ABUELA SOMOS

No, abuela, no, los hijos no vienen por cigüeñas
Ni por encargos de farmacia ni de ferretería,
Y no somos María para que por la gracia
Quedásemos preñadas.

Hay algo mas allá del tabú y la ignorancia
Como si una perspicacia mas allá del olfato
Te indicara el sendero con nueve meses previos
O la anticipación del cargo de por vida...

Gracias a que no fuiste injusta,
Hoy escribo estos versos...

~~

MILAGROS

Milagros fue un milagro en nuestras vidas. Una señora o señorita alegre. Era una monja sin hábito, muy servicial. El estado le otorgó el permiso de velar por nosotros, ya que me había separado del padre de mis hijos y nos quedamos "huérfanos" en un país sin lengua y sin idioma. Dado el caso, su espíritu maternal nos adoptó por un tiempo y con sus visitas nos hacía la vida más fácil. Lo único que yo no podría aceptar era cómo una persona que nunca había tenido hijos me indicara como ser madre. Al tiempo comprendí que visitando y conociendo tantas familias, se fue graduando de "madre" y supe que por las cosas que uno ve y vive, también la vida le otorga un diploma que vale por la experiencia.

LOLA

Sin tilde la "t" es una "l"
Ay Lola, sinónimo de dolor (Dolores)
¡Que antónimo sembró la abuela
Que injertó estas espinas ausentes
En tu mágica sonrisa!
Soy una rosa triste en primavera.
Apenas sonrío y apenas mis pétalos
Perfuman el ambiente en que junto mis raíces
Y los recuerdos caídos.

Se me caen de la mata los matices
Y en el pálido semblante
Murmuran palpitaciones
Color rosa
Con la orilla gris y rasgos
Llamativos al pasar
Pasando.

HIJOS Y NIETOS

La edad se me fue de las manos esperando mejores tiempos... ¡Hm.! ¡Esperanza de pobre, solicitud en banastas! Quise superarme personalmente para poder darle a mis hijos mayores cosas que las que no tuve y tiempo de calidad; y me gasté la vida y la fuerza física, y aunque materialmente no logré mucho, repartí abrazos hasta ahogar mis ansias y ellos fueron correspondidos. Siempre estuve por ellos y con ellos. Invadí un poco su espacio, (si se llama invadir a querer conocer cada paso que daban para evitar que se extraviaran de la vía o se perdieran.) Al cabo, crecieron fuertes en salud, aunque algo débiles de carácter, pero buenos. Demasiada sombra impide el desarrollo total de la clorofila en las plantas, aunque eso no impidió que no fueran estériles. Ya hoy, que me ha mediado la fuerza física, (supongo que por la edad o por la continua lucha, más mental que física) pero he logrado ver mi segunda generación o mis terceros partos en la raíz que se extiende, y aquel polen esparcido ha venido a crear flores y a multiplicar lo que un día sembrara: hijos y nietos.
Hoy mis ojos despiden más luz y el corazón rocío para alcanzarlos sin ahogarlos, y mi gratitud hacia la vida aumenta, mientras miro con cierto asombro e incredulidad mis hijos en mis nietos reflejados, como un espejo duplicado, frente a la claridad del sol y el asombro de mis ojos...

UN NEGOCIANTE TRAMPOSO

Manolo, dos años y medio, tenía una colección de carritos un poco más amplia que las que sus padres le habían puesto. Era muy extraño, pues cada vez aumentaba y nadie se había percatado que el niño a su pequeña edad ya hacia "negocios sucios" con los demás niños, pues éste llevaba los suyos, los intercambiaba con sus amiguitos y al día siguiente, dejaba en casa los que había negociado, luego regresaba a la casa de cuidados y veía los que antes habían sido de él y decía, -¡oh, estos carritos son míos!- y se los llevaba a su casa de nuevo. Y así sucesivamente, hasta que el pequeño negociante tramposo fue atrapado.

LA MUJER

Ella fue primera... La soledad exigió su presencia... la belleza tentadora lanzó el anzuelo justo para avanzar... su insistencia abrió puertas... la inocencia la hizo "salvadora", la hizo mujer...
Una mujer está hecha de acero por su fortaleza: A la hora de dormir, cuando todos hunden su cabeza en la almohada, ella está sentada planeando el bienestar de la familia... pasa ante todo suave... Está hecha de algodón, por su ternura, aún en el trato duro del compañero, o la fiereza de un hijo...
Puede vérsele en la Julia peinándose sobre el río... maquillándose sus ojeras... En el paso silencioso de un ladrón (al acecho de un mosquito)... En los zapatitos de tacón de Penélope sentada en la estación, esperando, ¡esperando!... Nadie la vio llorar: sus lágrimas fueron a dar al mar con Alfonsina, y su dolor lo consumió la sal. Su risa está pintada en Monalisa... Su dulzura se concentró en la Celia con su ¡azúcar!... Sus brazos en Lola... ¡la original!... Su canción, su canción juntó las aguas cual quebradas tomadas de la mano para llegar al mar de su corazón en la Rexach de todos los tiempos... Proverbios la describió virtuosa...
En el principio creó Dios los cielos y la tierra... Pero el principio de todos fue la hembra... ¡la mujer!

"Venciste mujer. Con no dejarte vencer"
(Pedro Calderón de la Barca,
escritor español)

CON DOLOR PARIRÁS

Tuve que sentarme como el que espera una nueva inesperada. Las rodillas me temblaban como si un sacudión de tierra estremeciera el edificio. Un sudor frío me colmaba el aura aunque ya sabía a que atenerme aquella madrugada... ¡era como volver a parir! Naturalmente, ya había pasado por esa experiencia años antes y me tocaba pasar por el mismo camino de nuevo. Esta vez en mi hija. Era primeriza. Aunque mirarme a mí en esa situación era morirme. Ella fue valiente, ¡toda una hembra! Se quejaba de dolor pero no tanto como yo años atrás. El niño se resistía a salir porque era demasiado grande para ese cuerpo tan frágil; el pulso bajaba y la enfermera se veía preocupada hasta que al fin salió y venía con el cordón umbilical enredado en el cuello. De repente vi esa silueta en el aire y un maullido interrumpió el pujo de la madre. ¡Ay, Dios mío! Fue lo único que alcancé a decir y rompí a llorar inconsolablemente. Quería captar el momento y no pude, así que le pasé la cámara a mi otra hija para que grabara los primeros minutos de luz. Mientras, luego de un par de minutos, me levanté, le miré incrédula, como si hubiese sido un sueño repentinamente interrumpido... Después de descansar algunas horas, ahí estaba de nuevo contemplando a mi hija con el niño en su regazo como si fuera un muñeco. Lo miré detenidamente y fue como mirarla a ella otra vez recién nacida. Tenía su cara dibujada en el niño como un espejo devolviéndole la imagen. Los ojos grandemente abiertos, su nariz, sus labios... y volví a ser yo, con una ternura infinitamente enraizada al centro de mi ser.

EL NO-NO

Generalmente los niños piden por capricho antes que por necesidad. Es un constante *son* para nosotros escucharlos. Les recordamos todo lo que no tuvimos, todo lo que nos costó, les contamos historias repetidas desde siempre por nuestros padres; los sacrificios que hicimos por conseguir lo poco que tenemos, y aun así, crecen reclamando que nunca le dimos nada. Ahora que llegan nuestros nietos, y no medimos, no contamos historias, no hablamos de necesidad, ni del hambre de los niños del África, ni de la desnudez de la India, ni de los descobijados. Ahí tienes: zapatos de marca, juguetes caros, comidas en restaurantes, ropa de sobra... y hasta se nos olvida la palabra NO. De ahí, que se refugian en nosotros para pedirnos "la bendición" con la mano extendida. ¡Los conocemos de memoria, los malcriamos!

GENERACIÓN 1, CAPÍTULO 2

Cuando se fueron los hijos
Todo quedó en silencio...
La sala desolada, cuartos deshabitados
Los trastes en su sitio, cuarto desorbitado
Al fin, todo quedó como al principio:
Desordenado y vacío.

Y dejó Dios que
"Sea la luz' y dio a- luz.
Y una carita iluminó
Nuestras canas comenzadas.

Y toda la casa se iluminó con un matiz
De un solo color: amor.

Y tuvo aceptación luego de contemplarlo...
Y vimos que era bueno
(Mientras fuera cuidado)

Y fue la "novena"
Y la cuarentena
Y otra puerta se abrió
Entrando el segundo.

Entonces la casa se llenó
Cobrando vida
Y nos quitaron el televisor
Y las almohadas
Y la hora de dormir.

Sucedió entonces un tercero, ¡Ay, de mí!
¡Y de nosotros!, que entre tanto poníamos fin,
¡Este fue sólo el comienzo del capítulo dos!

EL CLUB DE LOS ABUELOS

El viento cortó con su hilo helado una relación tensa como una cuerda oxidada y me dejó triplicada con un cordón de nylon flexible pero que se afirmaba al poste de la luz del presente y sobreviví, ¡sobrevivimos!... nos convertimos en una especie de telaraña por los tejidos (uno al otro), no al pie del insecto, sino acaparando lo que pudiera caer para hacernos felices, no sabiendo que entre nosotros podíamos encontrar la dicha que yo misma había truncado con los complejos con que crecí y no quería que ellos heredaran.

Con un sentido de sobreprotección exagerada, formamos un cuarteto *a capella* y desde entonces cantamos la misma canción. Las pocas veces que sonreía era cuando me miraban caminar con ellos y me preguntaban que si eran mis hermanitos y me sentía orgullosa al mirarme en sus ojos, que eran reflejo de mi misma.

Ya curada de espantos, con el susto echado a un lado, y mirando la vida viajar de otra forma, hoy día, aún joven me preguntan si mis nietos son mis hijos, y ya que he aceptado la situación y hemos formado un conjunto, sonrío largamente mientras digo, -son mis nietos- a lo que suena en mis oídos como eco ¡well, Bienvenida al club de los abuelos!...

MAMABUELA (A Doña Tune)

Si tengo que decir quién es mi madre
Lo diré,
Es árbol; cedro en cuya sombra me refugio.
Fuerte ante la impotencia y firme ante el derrumbe.
Lo diré,
Es una palma, enclavadas sus raíces
En el profundo y húmedo silencio de la tierra
Y arriba, siempre arriba contra las tempestades,
A veces se dobló, nunca partida.
Lo diré,
es una rosa con espinas
A veces nos hincó para educarnos
Pero nunca faltó en sus principios
La suavidad del pétalo y la delicadeza
Ante la enfermedad, y la dolama.
Lo diré,
Fue cual sereno en las noches.
Nadie la vio llorar su desventura.
De noche se roció ante el silencio
Y la mañana le cambió su llanto por ternura.
Les diré
Desde su silloncito mecedor
O su hamaca en el bacón
(hoy, ya en su cuarta edad)
Como un jardinero a su jardín
Espera
Les diré mientras espera
A que su huerto crezca robusto y fuerte
Les diré, como ella,
¡Mi madre!.

PREVINIENDO FUTUROS LADRONES

Miguel y Gabriela se salieron otra vez con las suyas. Con una capacidad infantil y extremadamente formada a favor de la ley.
– Gabriela, estoy dejando una fundita de gomas dulces en la mesa, por favor, no te los comas porque te llamaré la policía para que te arresten-. Y haciendo caso omiso, la niña abrió el paquetito de dulces y se comió un par de ellos, cuando éste volteó la espalda.
De repente Miguel se da cuenta del atrevimiento de la niña y tomando su teléfono de juguete, lo marcó, mientras sonaba con su voz el *ring, y el mismo se respondía. -Policía, llamo para reportar a mi hermana porque se ha comido mis dulces cuando le dije que no lo hiciera.- y haciendo intento de colgar el teléfono, le dijo a la niña, -ahora vendrán a arrestarte- y ella se derramó en llanto, diciéndole que no volvería a pasar. Miguel con 4 años, y Gabriela 3. Tal vez, (comenta su madre, mientras se ríe asombrada), ellos están tratando de prevenir futuros ladrones.
(Cuando se muestra la buena educación y la honradez, ellos la practican, aunque sea *por ley*)

A MALCRIARLOS

Con éstos, he vivido momentos distintos. Momentos que no viví antes, con los míos, porque anduve demasiado absorta con mis quehaceres y aunque estuve ahí para ellos, su desarrollo era tan normal, que no recuerdo haberlos disfrutado del todo.
A éstos los he visto crecer detenidamente, como un milagro, día a día, como si los hubiese sembrado como una semilla y regara su retoño y rociara con mis ojos sus hojitas en primavera, ¡Sí, primavera! Floreciendo ante mis pupilas asombradas. Todo lo que deseo, en mi edad media, es salud para poder transmitir un poco de calor en su desarrollo... ¡Y malcriarlos!

EL QUE VIENE

Hojas y flores
Palos y piedras
Grama azul—verde
Y el cristal de tus sueños
Cantando
En el pulso de un niño.

CONCLUSIÓN

Desde el momento en que cierro esta página, se siguen abriendo puertas y aventuras. Los abuelos van desapareciendo, los padres madurando y los nietos creciendo y dejándonos en cada aliento su aliento. Una palabra aprendida, en este caso, al criar los nietos en otra América, (entiéndase el termino) un lenguaje raro, un "espanglish" en el que ni uno ni el otro se entienden, pero van de la mano. Dos puntos casi contrarios, que se irán encontrando uno al otro hasta que un día formen un nuevo diccionario que ellos mismos entiendan. Mientras, no nos queda de otra que gozar de sus ocurrencias hasta aprendan a caminar sin nuestra mano, no obstante, llevando nuestra sombra como ángel protector.

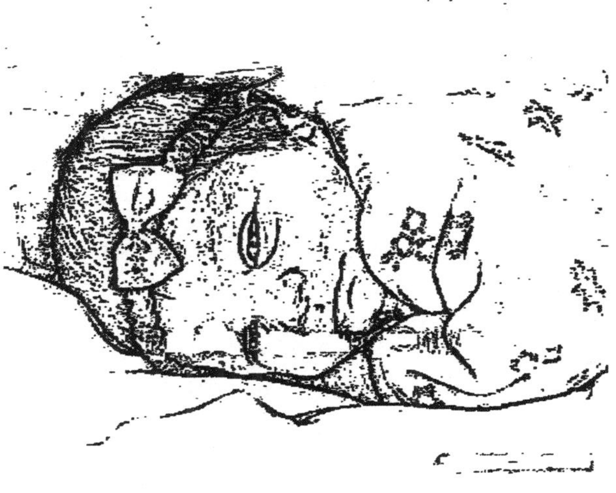

CONTENIDO

SOL MENOR *(PERSISTENCIA)*

SOL MAYOR *(HUELLAS Y SURCOS)*

Página / Título

SOL SOSTENIDO *(COLOQUIO DE GENERACIONES)*

Página / Título

Yo encuentro el rocío sobre la lluvia y respiro tus anhelos en el polvo... escribo al encuentro de las nubes con el mar... escojo entre las flores a las que tienen espinas... mando los celos de la tarde al perfume de las gardenias... bailo con las abejas al ritmo del viento... personifico lo perdido en tus suspiros pasados... Y siembro alegría en tu vientre... en tus párpados reencuentro los sueños... y con melao de caña hago una flor... hago una canción...

Notas;
Luis Maury es redactor de VIDA EN CONNECTICUT y el periódico Rapa-nui Times Newspaper, New York.

Notemos que en algunas páginas aparecen frases de escritores que he utilizado para enfatizar en un tema, o darle paso a que el lector intensifique su búsqueda en la lectura o el arte en general. Mi mayor interés es que no desaparezcan los libros y a la vez sacar a flote estos versos y/o cuentos que se me atoran día a día en el pecho. Después de todo, cuando la vida te ofrece un talento, es para multiplicarlo… sembrarlo, como una semilla para que siga produciendo. Este es mi aporte, esta es mi semilla… de ti depende lo que hagas con él.

AMAMANTANDO EL TIEMPO

Marta Soledad

Contáctanos:
Soledad1967@sbcglobal.net